黑心投資客炒房告白

搞懂中古屋坑錢陷阱的17堂課

Sway◎著

推守文化

〈序〉

打敗全民公敵，避免吃虧上當！

前消基會董事長　謝天仁

Sway將全民公敵——投資客如何美化黑心屋、並在仲介配合下吸引買家購買，詳細說分明，再出版黑心系列——《黑心投資客炒房告白》一書，不禁讓我想起以前處理過的案例。

這個個案的當事人委託知名仲介賣兩間信義區房子，一間是獨棟三層樓別墅；一間是店面，每間賣價都超過億元。該年六月別墅賣掉時，約定貸款下來三天內應付清尾款並辦理交屋，明明房屋已過戶且七月底貸款已核准，至八月底毫無動靜，賣方與仲介聯絡，一下稱買方太忙沒空，一下稱會盡快安排，毫無進展。最後賣方委託律師發存證信函，仍未改善，律師依合約使出殺手鐗，到仲介公司要求代書將擔保尾款的本票交付賣方，但遭拒絕。當事人不解的表示，我兩間房屋委託仲介賣，也算大咖，爲何仲介一面倒幫買方？我說你在外面算大咖，但在這家店你是中咖，因爲對方是投資客，一年買賣肯定超過二億，他才是大咖，當事人才恍然大悟。

從上述案例可知，投資客讓仲介不顧信用護著他，造成交易糾紛。重視信用的仲介，信誓旦旦，要與投資客劃清界線，但業績掛帥，獎金第一，到處可見投資客的身影；對業績導向的仲介，投資客就是業績萬靈丹，消費者註定吃虧。

然而，只有仲介偏袒投資客的問題嗎？當然不是，問題有一拖拉庫！只是消費者經驗有限，無法看破問題所在，吃虧、荷包失血，屢見不鮮。前一陣子，屢有消費者申訴買店面附有租約、或買頂樓附頂樓違建出租的交易，交屋後二、三個月房客跑掉，高租金收益落空。這個即是投資客趁大家覺得房價高、買氣弱的時候，以買店面附租約，投資報酬率超過年息五％以上、高於定存，來引誘消費者上鉤，交屋後所謂的「房客」只付了幾個月高租金就落跑。這是黑心投資客的手法，可謂無奇不有。

幸好Sway長年熟悉房地產內幕，發現房地產投資客眞實面貌，願意提筆集結出書，針對投資客包裝中古屋的各種技巧、仲介配合炒作拉高價格，及前述買店面附有租約等情節，一一剖析，淺顯易懂，其中提到和仲介合作拉抬租金的手法、買屋談判術、海鮮店理論……等等，連長期協助消費糾紛處理的我，也大開眼界。

想買賣房屋的消費者，良心的建議，請做好功課才下場。本書幾乎把投資客「眉角」道盡，又相當寫實易懂，可說是買賣房屋的絕佳工具。Sway繼《黑心建商的告白》，再囑咐寫序，拜讀後認對消費者權益保障，頗有助益，爰樂爲序。

謝天仁

・論衡國際法律事務所所長
・中原大學財經法系講師
・九二一受災戶新莊「博士的家」義務律師
・曾任消費者基金會董事長，多年來致力於消費者權益守護運動

〈序〉

不只實用，更加全面

淡江大學產業經濟系副教授　莊孟翰

作者前一本《黑心建商的告白》，告訴讀者關於預售屋、新成屋的購買知識，用詞戲而不謔，深度有餘；而這一本《黑心投資客炒房告白》，則是將購屋知識延伸到中古屋族群，以同樣順暢的語法，讓人自然而然的閱讀，不艱深、不含蓄，將房地產的購屋資訊完整化，縱使你不需要買屋，也可當作小說來看。

雖目前房價仍高漲，作者揭露投資客炒房的黑暗面，目的是要消費者購屋時，有充分的資訊可以看清市場狀況，避免在全球資產泡沫的疑慮中，人云亦云、輕率投資而導致無謂損失，亦得以合理的價格選購一戶安身立命的安樂窩。

另外，本書所提供的殺價方法、看屋方法等技巧也同樣相當實用。

年輕人努力工作，無非是爲了要建立一個美滿的家園，相信閱讀過本書之後，購屋就相對變得更加容易。

莊孟翰

‧淡江大學產業經濟系副教授

‧前交易安全策進會理事長

‧長期研究台灣房地產、常於媒體為消費者發聲

〈自序〉

我，想讓你買到六十分的好宅！

革命尚未成功，同志仍須努力。

這次掀開的，是黑心投資客的那個潘朵拉盒子，以及針對買中古屋的所有麻煩。

當《黑心建商的告白》在網路上廣為流傳時，我知道，那是一種民怨的表現；而《黑心投資客炒房告白》無法在網路上廣為流傳，我知道，那是一種恐懼感。恐懼這幾年來因炒房而大賺的美夢，可能因此消失；恐懼因為我寫得太過露骨，而讓期望一次大賺的富翁人生，可能因此破滅。

你可能早就買了房子，所以，你只關心房價會不會跌，可是，有更多的人還沒買，而我更擔心的，是你兒子、你孫子以後絕對買不起房子！或者，你拿出老本讓他們買，最後卻買到一間黑心房屋！所以，我還是要寫，把買屋的所有問題一網打盡，寫出投資客的黑心手段，讓你知道，其實，房地產世界，眞的沒有你想像中那樣美好，建商是黑的，投資客更是黑到發亮。

關於房價，這回把預售屋以及中古屋的殺價方法，一次奉上。《黑心建商的告白》沒寫到的、讓代銷跟建商小喘一口氣的，這次毫不留情了，而中古屋也是，我這次狠心的把看似美美的中古屋畫面，一次撕開。

對我來說，「黑心系列」已經踏上了不歸路，從此，不只建築界，現在連房仲等所有業界，都會更加「不酥胡」了。我只能在這裡說，如果房地產界因此而去蕪存菁，多一點清流，這不是更美好的世界嗎？你們別忘記，在廣告裡聲稱的那些美好，在公司章程立下的那些誓言，是該一一實現的。

也許你曾經發出抱怨：「看過書之前，有點不太敢買，看過書之後，就一定不敢買房子。」但，黑心世界如此的深奧，在我聽過、見過太多買家被騙的眞實故事之後，深深發覺，想要安心順利的住進一間房屋，實在不能再靠你的直覺來買了，我必須把該知道的事情，一一告訴你，讓你做好所有的準備及功課後，讓你盡量買到「六十分以上」的房屋。

別以爲我的家人或是朋友，因爲我的存在都買了好房屋，一位親戚，就在出版前的一個月，興沖沖買下一戶投資客的房屋，等到清醒一點的時候才發現，原來，那間房裡的所有對外窗，全部面向「天井」，自然採光與景觀，完全是「一線天」！先前看屋時，投資客利用所有障眼技巧，有美麗絕倫的燈光與窗簾，加上宛如夢境般的裝飾品，製造出成家美夢，而這位親戚，還聲稱，已經把《黑心建商的告白》看得滾瓜爛熟。

更別說，他的買價，早就被投資客賺上五成；裝潢，也用了黑心建材。

希望，你能夠透過我的書，更了解這個房地產世界。謝謝你曾經低調的支持我，沒幫我起底、人肉搜索，革命尚未成功，我，還有故事還沒寫完，同樣的，當我沉到太平洋，或是被「兩顆子彈」的時候，少了個「賤嘴」說說眞相，豈不可惜？

目錄
Contents

Part I 黑心投資客的17招炒房密技

目錄
Contents

Part Ⅱ Sway 教你買屋談判術

番外篇 《黑心建商的告白》升級版：破解建商話術的三堂課

Part I

只要你打算買屋，投資客就和你大有關係！
中古屋和新成屋是多數小老百姓買屋的首選，
偏偏，違建、凶宅、拉皮漏水屋、特種行業專用套房……
這些問題百出的黑心屋常在投資客的巧手下「漂白」變「假好宅」。
不想花大錢被套牢氣死自己，
看屋前請先了解投資客的神奇炒房法。

黑心投資客的17招炒房密技

1 全民公敵．無所不在

不要買到讓你吐血的黑心投資屋

全民打房．重點提示

你以為黑心投資客跟你這善良老百姓無關嗎？太天真啦！在這個全民都是投資客的年代，你一不小心就會變成冤大頭！人人都想買到「屋主正好欠錢所以價格低」、因為「保養好所以屋況美」、不漏水沒壁癌、還要誠信交易的好房子，別傻了，哪有這麼多「正好」！事實是，當買方，注定得跟投資客鬥法，除非你去廟裡拜，否則就乖乖做功課，要搬進夢想家，是要付出代價的！

台灣房地產的現況是什麼？簡單來說，黑心建商和黑心投資客聯手，利用一點點的自備款，用期貨的方式把房價給炒高，再透過「把死的說成活的」的黑心房仲，三方聯手，就輕輕鬆鬆的把房子賣給只會拿鈔票向前衝的阿呆。不管是黑心投資客打算坑殺你一輩子積蓄的高價屋，或是經過他們巧手裝潢、看起來很不賴卻讓你入住後會吐血的黑心中古屋，簡而言之，新成屋也好，中古屋也罷，你都很難躲掉投資客的魔掌啦！

最近有在看房子的讀者應該感覺得到，這幾年黑心建商卯起來推案大賺黑心錢，預售一案接一案，投資客一層一層買，大家都賺得好高興！如今，這兩年推案的預售屋都要交屋了，有空去逛逛房仲店頭就知道，還沒交屋就有數十個投資客狂丟物件的案子，物件很多，開價依然高高高，等你上鉤接棒買屋。

想高價賣屋本是人之常情，請自問，如果哪天你要賣房子，當然一定要賣得又貴又漂亮，大賺一票，最好是開賣三天，漲三次價格，最後用一倍的價格成交。這種心態眞的無可厚非，誰賣房子的時候不想大賺一筆？告訴你，你自己也是投資客，只是沒這麼黑心，頂多想多賺點，沒有搞黑心建材、黑心裝潢那一套——

「誰說我黑心的？把價格開高一點都是仲介跟網路教的嘛！上次仲介到我家免費估價，就說我家值一千兩百萬元啊，雖然我當初只買六百多萬元而已，仲介一講，我就想賣了，可是，算一算我又買不起其他房子，就算賣價高，買來的更貴，還是想想就好啦～」

「但是，我聽說隔壁那棟房子又賣掉了耶，價格就是房仲說的那麼高，兩年來沒有半個人去住過，卻已經轉手賣了三次！」

這樣的劇情是不是天天在你家隔壁上演？自從SARS之後，市場已經教會大家，買房子可以賺大錢，所有在那個時期買進的人，都起碼獲利一倍以上，多則兩倍；而在二〇〇九年金融海嘯買進的人，不少也賺了一倍房價。這年頭，大家都有投資的概念，也知道何時該低價搶進。金融海嘯一來，將手上有金融投資的人洗了一次牌，有的洗出場，有的則是從哪裡跌倒就從哪裡繼續站起來，重點就是，買股票、基金的人少了，買房子的人多了，菜籃族跟貴婦，開始從「雷曼兄弟」的殺進殺出，轉到房地產上。

你一定聽過股市的「擦鞋童理論」吧，現在的房市就有點這個味道，就因爲「房價只漲不跌」這句話，住在你家隔壁的那個親切大嬸，也變成滿嘴都是錢的勢利歐巴桑；甚至，我去喝杯咖啡，也看到二十出頭的小妹妹跟朋友聊房地產。啥？你去餐廳吃飯也聽過？所以我說，「全民都是投資客」！

在這樣的狀況下，你想買房子，尤其是不想當冤大頭，想買到價格合理、屋況良好、誠信交易的房屋，你就必須跟投資客鬥智、鬥法，要做很多功課、很辛苦才能一圓夢想家的美夢。

「S大，那我們可以避開投資客的房子啊，只找普通的自住客買就好。」

剛剛講的，你看不懂啊？**這年頭，中古市場，已經有半數以上的房屋是投資房；另外半數，則是賣方帶有投資心態的房屋，你怎可能避開？**

只有一種投資房，你可以買，**那就是新成屋剛交屋時期，投資客放出來的貨色**，也就是，趁著新成屋剛交屋，投資客和建商的房屋都丟出來賣的時候，有機會買到便宜貨或是合理價。

兩、三年前房價比現在低，當時買預售屋的人，在交屋的時候，多少會有人想賣掉賺一筆，這時，剛好建商也想賣餘屋，又剛好，你會利用網路查到當年預售賣多少，你就很清楚，現在可以用多少金額買投資客的房子。讓投資客賺一點，你多付一點，但，至少有機會比黑心建商或黑心投資客沒天理的「市價」還要低；如果，這個社區有很多人想賣的話，你買到低價的機會更多。

比如，板橋的「舊巨蛋」，預售一坪「最低」十五萬元，最高炒到二十五萬元，因爲總戶數高達一千六百戶，交屋到現在三年，行情就在這個預售價「加兩成」上下打轉。這只是一個例子，當然，你買屋是要來「自住」的，如果你要

「投資」，就另當別論。投資的重點在於好脫手，自住的重點在於好住。

希望你想買屋的對象，就是菜籃族。**手段厲害的職業投資客不會在剛交屋時賣屋，因為這時候的價格最亂、物件最多，而且職業投資客起碼要賺二成至五成，不像菜籃族只要有賺就好**；除非，職業投資客看壞後市，大量倒貨。以後我慢慢告訴你，你該注意哪些訊息。

你，準備好要買房子了嗎？

你，準備好要賣屋了嗎？

你，準備要幫你家小孩買一間房屋了嗎？

投資屋獲利五成開價法

全民打房．重點提示

買中古屋或新成屋想議價，搞清楚進貨成本是第一步。專業的投資客會按照進貨價加價五成來賣，如果你只用同區域的市價或行情價來議價，以為打七折買得漂亮、買得豪氣，告訴你，人家黑心投資客還是暴利賺啦！

如同《黑心建商的告白》，此次同樣要向出版界一些暢銷書致敬，這些書可厲害了，隨便一個書名都是驚天地、泣鬼神的聳動，例如《富爸爸之有錢人的大陰謀》。

《富爸爸，窮爸爸》系列的理財書在全世界賣到翻，作者早就因此成爲眞正的富爸爸，不過這本書和以往的富爸爸系列不太一樣，不是只用「改變觀念、有錢一輩子」之類的話術來呼攏讀者，作者也玩「踢爆」這招，他告訴我們有錢人之所以會有錢，是因爲他們擅長用「讓沒錢的人更沒錢」的一套大陰謀；換句話說，你如果不懂得以其人之道還治其人之身，只會苦哈哈的努力工作，還是不可能晉身有錢人階級。

這與以下要談的黑心投資客的故事，原理如出一轍，如果你以爲黑心建商已經是炒房價的超級高手、賺你家的錢賺很大，就更不能錯過這些黑心投資客的技倆！以投資報酬率來說，他們賺得比黑心建商更猛、更黑，他們一手把**老房子的價錢炒過兩倍、三倍**——噹噹！問題就在這，大多數小市民買得起的，偏偏不是黑心建商蓋的全新豪宅，而是那些經過投資客黑心包裝、無良炒作再轉手的中古公寓、華廈。

投資客從各種管道買下廉價的房屋，然後經過妙手包裝再轉手賣出，這你一定時有所聞，然而你不知道的是，他們到底是賺二成？三成？我問過一位手上有四、五十間房屋正在周轉的中咖投資客，他說：「**包括裝潢成本在內，全部加一加，沒賺個五成簡直對不起自己！**」聽到沒有，五成喔！那麼，五十戶呢？隨便以一戶總價一千萬元的房屋來算，一戶賺五百萬元，五十戶就是二億五！

中咖已然如此，大咖更不用說，像央行總裁最愛點名、市場上人稱「三黃」的三位天王級投資客，都有兩百戶的實力；而另外幾位專門投資店面的大咖：江醫師、劉媽媽、張天王，隨便進出都是以億來算！

怎麼賺？我會分門別類的告訴你，人家「正統」的投資客，是怎樣一步步賺到你一輩子都看不到的恐怖財富。

簡單來說，投資客買房子，通常透過代銷、房仲、法院這三大管道，你覺得「錢途」無限的黃金地段，他們加價買；**你覺得不看好、屋況爛的鬼屋，他們更會買**！他們每天認眞看報紙，看啥呢？**找哪裡有兇殺、自殺案件，就往哪裡買**，法拍屋市場更是他們要派人盯梢的地方，只要有點交屋，二拍、三拍就買。那種豪氣搶購法，只有在「好市多」量販店才看得到，話說我每次去總是人潮洶湧、台台推車像小山，好像不用錢，結帳金額卻是不輸百貨公司嚇人的高，這眞是台灣的經濟奇蹟啊！對，投資客也是這樣，覺得可以下手的，二話不說，買。

投資客掃完貨，要幹嘛？**包裝啊，有死過人的就找活人來住，免費哦**！我聽過找遊民供吃供住的誇張案例，也有聽過便宜租給學生製造正常居住的表象；萬一找不到人住，就自己住囉，大概住個半年。反正只要有人正常出入這間房屋，三不五時給鄰居看到「有人在住」就好。住之前，當然會隨便油漆一下，冷氣要買一台中古的，幾件便宜中古家具擺一擺（有時連家具都不用買、改用租的）。當你手上有幾十戶房屋經常在裝潢，家具店站在半買半相送的立場也會配合優惠。

如果要自己住，就找設計師搞得像樣一點，通常這招會用在坪數大一點的房屋，最好找那種經常跟裝潢雜誌或電視節目配合的設計師，裝潢好的個案還可以上媒體宣傳一下，證明之前的住戶品味超凡、非富即貴。偷偷告訴你，有些裝潢雜誌的封面經常採用投資客的裝潢屋，道理很簡單，同樣的預算他不整水電，不補壁癌，通通用在設計裝潢上，要多炫有多炫，反正自己只住半年。不實用？那是你這個買到拉皮屋的阿呆的問題。

以前曾經有投資客故意把油漆刷成舊舊的，以製造屋主自住的假像，不過現在人太聰明，懂得自己調謄本確認是不是短期移轉的投資屋，因此投資客現在會用另一招來騙：當你看房子的時候，發現有人住的痕跡，家具也都是舊舊的，或是亂亂的一副匆忙搬走的樣子，仲介會告訴你：「這個屋主要不是在辦移民，房子也不會拿出來賣。」「屋主被公司調到大陸，所以台北的房子要賣。」笑死人，哪來這麼多**移民跟換工作**咧？可是十次有九次都是這樣的爛理由。

要怎麼賣給你？當你查過這間中古屋的行情大約一坪三十萬元，房仲一定說：「這間房屋今天剛接，很搶手，其他家房仲也約了一堆客人看房子，我看用行情可能買不到，你加一點我幫你搶，你也知道旁邊那棟建商新聞炒很大，人家一坪賣到六十萬元咧！」嗯，行情活生生比隔壁預售屋便宜一半，這下子你如果沒買，晚上回家大概會睡不著覺。

「ㄟ，我不是阿呆客人啦，買房子也知道要看很多間，再來做決定。」好啦，你很厲害，你好辛苦的每天上網看物件，假日必帶一家老小去看房子，這附近的成交行情，都做好功課——你覺得投資客搶不到你的錢？

這是投資客的房子耶，他怎會便宜賣呢？更何況他買價才每坪二十萬元，已經養了一年之久，不會一開始就用每坪三十萬元丟給房仲去賣的，你知道通常投資客會想賣多少？剛說了，鄰近的預售屋，建商「開價」每坪六十萬元，成交行情五十萬元，所以，投資客絕對不會比照中古屋一坪三十萬元來賣，當然開價每坪四十萬元，再給你殺價。你有多會殺？一坪三十五萬元他都暴利賺。

要怎麼賺這種暴利財？演戲演全套，他在同一棟的樓上一定也有一戶房屋，屋稍美景觀稍佳，而且，「一定」會讓你知道，樓上那間最近才成交，每坪三十五萬元；那麼你想，樓下這一戶，條件不過就差那麼一點點，所以最後每坪鐵定超過三十萬元吧？是的，以這類例子而言，通常成交價都是每坪三十三萬元左右，買的人八成還會覺得賺到了！其實，說穿了，賺最多的仍是投資客，房仲雖然有「幫兇」的意味，可是爲了長期跟金主配合，服務費只有「酌收」一點，薄利多銷囉，畢竟哪有這麼「古意」的賣方願意讓房仲收四％？有一％就偷笑了！

那預售屋怎麼賺？莫非黑心投資客可以買到預售屋的底價？錯！當然是買底價以下。幾個大咖的投資客，大家都認識，不認識也聽過，大咖要買預售屋都是一整層一整層買的，當建商規畫好建案準備送建照時，就會通知這些大咖投資客，問他們要留多少——戶？不，怎麼會是戶呢，當然是「層」！有的投資客專留高樓層，有的會整排留，比如景觀第一排全部留。

既然是留，就是用「說」的，有時會簽約，反正付一點錢，五％而已，重點是，投資客用比較便宜的價格留了，然後找機會賣給你，反正自己做幾戶假成交行情就上來了，一如黑心建商愛用的「三期賺錢法」。（請見拙作《黑心建商的

告白》）

就這樣，不斷循環，投資客拿出一點點的自備款，繳一點點寬限期的便宜利息（他是大戶，銀行會特別優惠），就這樣，轉呀轉，轉出台灣房地產的炒房奇蹟。

有網友在我的「臉書」（Face Book）上留言，他覺得最近議價空間變大，缺現金的投資客好像變多。鄉親啊，投資客用五成開價法，你殺到七折仍砍不到他的底價！更何況大多數人打的算盤，是想趁彭總裁打房，看會不會有投資客跳樓大拍賣以搶到好久不見的便宜屋——再提醒一次，即使你用市價或所謂的成交行情來議價，恐怕黑心投資客還是躲在背後偷笑啊！

你以爲投資客是一朝一夕出現的？如同周星馳電影裡說的，「人人有功練」，人人都可以當投資客，可是注意唷，眞正賺到錢的，多半只有專業的投資客，那些**看人家賺錢也想跨入投資的菜籃族、小咖，買個一兩戶的這些人，都是投資客倒貨的對象**。人家大咖曾大賠過好幾億，然後從慘賠中學習到操作跟經驗，你呢？只有一、兩百萬元也想跟人家當投資客？別傻了，這幾百萬元都是不見得能收到成效的學費啦，如果沒有花大筆學費的心理準備、或者你命中就是沒有帶房地產財，奉勸你還是少碰爲妙！

3 投資客的 黑心裝潢術（上）

老公寓、華廈的拉皮遮瑕法

全民打房，重點提示

什麼叫拉皮屋？先了解黑心投資客的「基礎裝潢術」：一、米白色油漆製造溫馨感，買劣質品用噴槍隨便噴（有沒有毒不知道）；二、薄夾板超好用，一遮壁癌二擋裂縫三還可掩飾海砂屋；三、地上要鋪拋光石英磚，而且要閃亮的那種（不敲不清，直接鋪在舊地板上，管它水平平不平）；至於衛浴、廚房？那就不用說了，一定是「簡單搞搞、大方呈現」，可美的咧！

投資客買了那麼多的房子，你以爲是要放長線釣大魚，等待大幅增值的空間再脫手？還是賺取高額租金來以房養房？

如果只是這樣，那就是「阿呆投資客」。

以買賣房屋爲樂趣、賺大錢爲任務的投資客，賣掉房屋賺一筆，跟同行比誰賺得多，才是他們活下去的動力。你要想想，投資客的朋友都是投資客，誰想要被說：「那個小明啊，賣掉一戶房子只賺了一百萬元，眞遜！」這種話要是傳了出去，豈不讓投資客江湖大哥們笑話，我看這人從此要退出投資客的行列了。

前面第一課開宗明義就說了，投資客賣屋絕對不是賺那種一般企業十五%的正常獲利，他們要暴利賺，一次賺個五成。要做到這一點，「貨」進來以後，不管之後如何賣，第一件事：先裝修。

先轉個話題，暢銷書作家、潤泰集團總裁尹衍樑在二〇〇六年出版的《尋找夢想的家：尹教授教你10招聰明購屋》狂賣，此書就跟他們家蓋的房子一樣，叫好又叫座。書裡深度剖析關係房屋安全甚鉅的建材、水電等工法，這些知識對於計畫裝潢心中夢想家的你來說當然有其必要，但對於黑心投資客來說，卻是百分百僅供參考！他們的邏輯很簡單：房屋本身若有結構問題，靠裝潢遮一遮，再以貴死人的價格轉手賣給你，一年以後就算牆壁漏水地板翹起，你得辛苦的處理善後，他們早就賺到笑咪咪。

速成裝修法第一招：米白色便宜漆

「黑心裝潢術」的第一招就是入門款的「**輕裝修**」，把屋況噁心、亂七八糟的房屋簡單包裝。首先，漆上便宜的油漆，這招投資客從黑心建商那邊偷學過來，用這麼多年還是很好用。正常施工要「二底三度」，連工帶料一坪要五百到八百元，三十坪大約花二～三萬元很正常；黑心的呢？施工就只有「一度」，一坪多少？沒有算「坪」的，算「工」，兩個油漆工人五千元，噴噴漆一天就完成，花費大概八千元就搞定，省下三倍錢！

上回看到一位笨笨投資客上新聞，竟然把房屋漆成藍色，就是一個經典的負面例子，那是不入流的「遜咖」做法，漆成藍色、墨綠色甚至黑色，此地無銀三百兩，任誰看了都知道有問題想遮瑕疵，老練厲害的投資客會漆成米白色，既溫馨又美麗大方，一看就令人幻想省掉裝潢費直接入住——可是那屋內的氣味眞是難聞，又「香」又刺鼻，待太久眼睛還會想流淚，刺鼻的是油漆，香的是廉價芳香劑，下次你看屋的時候，聞到又刺又香的味道，就是這類的黑心屋。

速成裝修法第二招：天花板用途多

要開始講到重點了，**天花板是黑心投資客裝修的奧義**，很重要。有些老房屋根本沒有天花板，投資客一定會搞個「間接照明法」，先在水泥表面直接釘上一層薄薄的夾板，接著順著樑柱在四周繞一圈做一層木作天花板，並且在裡面藏著間接燈光。極簡風格的天花板配合「一度」的米白噴漆，暈黃的燈光一開好溫馨，任誰看了都會喜歡，馬上變身成彷彿買幾件家具就可以輕鬆入住的「免裝潢屋」。

這種速成天花板的最大功能，就是做爲**遮掩壁癌**的重要工具。你想，老房子的牆角屋頂難免會漏水，住個幾十年加上地震搖來搖去，漏水、油漆剝落很正常，但眞要修可是很花錢，往往修一個小角落就要花上好幾十萬元，還要跟樓上樓下的鄰居吵架溝通。黑心投資客怎可能下重本徹底修呢？釘個木板就解決啦，只要不是那種淅瀝嘩啦的漏法，木板多半還能撐上一段時間。所以，不但漏水可以如此「補救」，若天花板裂開來了也一體適用，遇到海砂屋油漆根本漆上不去，更要這樣搞，天花板的設計實在是太萬能了！

薄薄的夾板好用之處還不只應用於天花板，我看過那種貼**全新壁紙**的房屋，**每面牆敲一敲竟然都是木板**，就連鋁門窗旁的窗台、轉角，也都釘上木板再貼上壁紙。你想想，如果牆壁沒問題，屋主眞要用壁紙裝潢，直接貼就好了，釘夾板還要多花錢，這招擺明就是要遮狀況嚴重且無所不在的壁癌。

速成裝修法第三招：閃亮亮拋光石英磚

天花板和牆壁都解決了，地板也會重新鋪上拋光石英磚。照理說，應該是把舊的地磚或地板通通挖起來，接著打掉一層結構水泥面，然後才是濕式施工法或乾式施工法，鋪砂、上黏著劑、放地磚、量水平等等，光是舊地板敲除清運就要花個幾萬元，也要花上幾天的時間，黑心屋呢，不用！管它本來是啥死人骨頭磚，用電鑽先畫出刻痕有增加抓地力就算有點良心了，就直接鋪了唄，也不需自找麻煩量水平。黑心建商會用的黑心投資客也都愛用，大陸產地磚是他們的最愛，國產的連工帶料一坪大約三千至五千元，黑心投資客用的一坪可能不到二千元，這又省了一半。

鋪地速成法最大的好處，除了省錢，也能搶時間。良心的要花一天敲除，三五天慢慢鋪，黑心的全部只花一天就大功告成。可是，你放了桌子會不平，如果再來個地震或是熱脹冷縮，地板就會裂開，下面搞不好就埋著噁心的菸蒂、用過的衛生紙、工人亂丟的手套。不信？下次去看屋的時候，帶一顆**鋼珠**就知道了，跟水往低處流的道理一樣，往地上一放，鋼珠就開始往低的方向滾，**表示地面不平整**。

速成裝修法第四招：浴廁要夢幻

一般居家裝潢，浴廁的防水至關緊要，萬一沒處理好以後漏水可是非常麻煩，不過黑心投資客同樣秉持著「簡單搞搞、大方呈現」的精神：老房子原本可能是用舊式馬賽克壁磚、醜醜的地磚——換！看起來一副就是會滴滴答答漏水的老馬桶——換！馬上換成名牌山寨版的漂亮馬桶。窗戶——換！改用看起來很像氣密窗的便宜鋁門窗。可是，最重要的管線，**比如電線都沒換**，要多老有多老；**水管也可能本來就漏水**，當然繼續給它漏，反正外觀看起來乾乾淨淨就好。

這裡必須告訴各位一個Knowhow，有去過五星級旅館的請舉手！好，通通舉手了，對，黑心屋的浴室就是仿造那個德行，有玻璃的淋浴拉門，有大片的高級壁磚，有石材檯面的洗手檯——好的，那扇便宜的淋浴拉門，用了很爛的強化玻璃，若短時間內忽冷忽熱溫差過大，會因爲熱脹冷縮而有自爆的危險；那個有石材檯面的洗手檯，過了半年水龍頭就關不緊了，因爲用的是大陸來的山寨版水龍頭；洗手檯下方一定有個收納櫃，看起來眞的又實用又夢幻，結果，那個櫃子根本不防潮，沒用多久就發霉加上膨脹變形；還有，浴室施工一定會用到的矽利康，黑心投資客才不會給你花錢用抗霉防潮的，日子一久一定長斑，你用什麼強力清潔劑都刷不掉；天花板本來應該用防潮的材質，不過黑心屋頂多用爛木板加上油漆，幾個月後亦是發霉膨脹的下場；馬桶，好啦，山寨版的你本來就知道，每次使用都會黏東西。

速成裝修法第五招：廚房能省則省

廚房呢？自然是選用黑心工廠的沒牌貨，配上人造石檯面，看來一樣閃亮亮，但學問在於**櫥櫃櫃體與抽油煙機**。廚櫃必須表面防油污、裡面防潮，才不會用了一年就木板膨脹裂開、檯面變形，所以稍有品牌的廚具大約三公尺長就要五萬到十萬元，但是黑心貨用的不是廚具專用的櫃體，而是質料比較差的密集板櫃，沒有防水、沒有防蟑螂，你洗好的鍋碗瓢盆若不徹底乾燥就收入櫃子，櫃內馬上發霉；而水槽旁邊補強的矽利康，也不會用防霉型，一定只是便宜貨，你洗碗後不仔細擦乾，半年就有霉斑，用啥去霉劑都沒用。

至於抽油煙機有啥問題？看起來好好的啊，也可以開——問題是，你看房子會爬到天花板，看油煙的管子有沒有接出去嗎？運氣好的房子可能廚房旁邊就是陽台，頂多陽台有油煙味；運氣不好的，你家廚房天花板即將變成最好的集油槽，用了老半天你可能還只會覺得抽油煙機不夠力，這年頭，小家庭並不經常開伙，等到你媽媽幫你坐月子、你婆婆幫你帶小孩，屆時才發現，怎麼油煙永遠排不出去——而等到此時已經又過了好幾年啦！

速成裝修法第六招：管線絕對不重拉

最重要的電線，當作壓軸好戲。

誰看房屋，會數一數插座有多少？比較精明的人，也許會留意床邊啦、電視牆等地方有沒有足夠的插座；「宅」一點的男人，可能只會看有沒有網路線和電視線，可是，誰會打開那個「布列加」電源總開關？有誰會帶個電錶去看房子，測試一下哪個插座有沒有電？

沒有。

所以黑心投資屋，**部分插座是假的、電線沒有重拉，增加插座時只是從這個插座多拉一條線到那個插座**。

正常裝潢的標準作業方式，是在牆壁裡面埋絕緣塑膠管，然後從總開關先做一個開關，再拉有經過**國家標準檢驗局驗過的電線**，拉到你的房間、你的客廳、你的廁所，這樣萬一電線中間斷了，還有機會補救。黑心的呢，只是從附近的插座，拉一條阿撒不魯牌的電線接到新插座，運氣好有電，運氣不好電線斷了自然就沒電，這還事小，萬一電壓不穩產生火花，可是會有火災的危險。

還有一個問題，因爲黑心投資屋沒有重拉電線、沒有增加開關以及容量，當你在用電鍋、用微波爐的時候，如果，再來個果汁機，可能廚房的電量就會過高；而且，萬一這條電線經過你的房間，誰去開個吹風機，一定馬上爆量而跳電。會跳電還算好的呢，起碼代表你的變壓器還有用，萬一燒起來？當你洗完澡之後，準備插上刮鬍刀或是吹個頭髮，空氣瀰漫著濕氣，接著，漏電？

恐怖吧！這就是黑心裝修的奧義！平心而論，賣房子給你的人的確沒有義務要幫你把裝潢整修做到好，但黑心投資客可惡之處在於，把原本噁心的房子，偽裝得「狀似」乾淨宜人，管它曾經噴過血、壁癌嚴重像下雪，油漆一塗，全部敞朗明亮又大方。至於這個乾淨可以撐多久，隨便啦……

一般人看房屋只有一、兩個小時，誰會在一天看了五間房屋後，還會一間間的仔細用力查：牆面有沒有平整？也許油漆裡面還鑲著壁紙屑？馬桶不太通，或是按個兩次按鈕就壞了？好看的水龍頭，打開來，水跟小便一樣涓涓細流呢！

等等，你想吐嘈？你說仲介都有履約保證，會漏水到時候可以求償？人客啊，你想得到的，黑心投資客也早就沙盤推演過了，你和仲介的保固是有期限的，這些黑心裝潢只要能撐過期限就大功告成，即便賠償也有三十萬的上限，壁癌、水電管線重拉這些看不到的工程，林林總總加起來可能不只三十萬；更不用提投資客早就用這種燈光美氣氛佳的裝潢，狠狠的在房價上連本帶利把你削了一大筆！他從你身上賺了數百萬，就算拿三十萬出來賠你，也還是大賺，你奈他何？

4 投資客的黑心裝潢術（中）

豪宅專屬「重裝修山寨法」

全民打房，重點提示

好地段的老大樓、總價約三千萬左右的房屋，是黑心投資客最愛用山寨豪宅裝修法來大賺一筆的物件，他們懂得向知名設計師作品「借鏡」，擺上仿名牌家具，一進門保證讓你看得到品味、感受得到誠意，至於你看不到的水電管線壁癌漏水，同樣囉，金玉其外、敗絮其內。

在那個還不是全民皆投資客的年代，中古屋的黑心「輕裝修」，無論是有礙健康的甲醛天花板，抑或遮壁癌的噁心「一度漆」，皆已足以讓黑心投資客坐擁滿坑滿谷的黑心鈔票；但是，隨著豪宅風潮的興起，在好地段的房屋，輕裝修那幾招已經不夠看了，得要配上看似高級的裝潢，房價才能衝得高，哪怕是出過人命的凶宅、被法官貼上重重封條的法拍屋，甚或是已經垂垂老矣的二三十年舊大樓，只要豪宅專屬的「重裝修山寨法」一出手，一樣所向無敵，大賺黑心錢。

早年台北最有名的重裝修案例，就是信義路四段上的「××花園廣場」，其中不少戶每經一次換手，必經過大力包裝、用心修飾，加上住戶多名人，例如股市房市都賺了不少的名媛何小姐，她那五十坪只有規劃一房的家經常上報，很容易吸引想跟名人做鄰居的有錢人。在台中，我也看過聯聚建設的一間投資客房屋，屋內金碧輝煌，閃光之強差點讓我戴上墨鏡，金色的壁紙、金色的沙發、金色的天花板，還有，金色的馬桶。

豪宅當然要配上奢華的裝潢，才能襯托出主人的身分地位，但是，眞正厲害的投資客，卻是把豪宅裝修的元素，灌到一般好地段的普通住宅上面（當然，精髓和輕裝修一樣是外觀閃閃動人、水電簡單亂做就好）。這種重裝修的山寨豪宅雖然投資金額高，但可以有五成甚至更高的獲利，做一個山寨豪宅的案子，賺進的錢可能比三、四個輕裝修的案子加起來還多！也因此在都會區的精華路段，這種開價嚇死人的投資客山寨豪宅，如今也越來越多。

最愛做重裝修的，就是天王投資客「雄哥」。他世界各地到處旅遊，見多識廣，最新穎的飯店怎麼設計、未來的潮流如何走，十年前流行Art Deco，五年前開始Loft風，現在是像W HOTEL的極簡風與白黑二色對比……，反正國外最新的設計元素，他就帶進投資市場裡，你買到他的房子，就等於在不知不覺中踏入流行的趨勢，進入令人嚮往、夢寐以求的豪宅生活。

雄哥最有名的案例，就是一間台北市中心的中古屋，買入價一千八百萬，用上了金碧輝煌的古典家具、華麗媲美夜店的名牌沙發，**不到兩千萬**的傳統中古屋，馬上就有市中心的豪宅FU，雄哥對外宣稱共花了**一千萬元裝修**，**最後用四千二百萬元賣掉**！這三個數字，都不是一般投資客買得下、花得起、賣得掉，哪個投資客肯花一千萬元搞裝潢？

投資客的世界，早就從小套房進化到豪宅了。小套房難賺，三房兩廳物件太多，還是豪宅好操作，而且，媒體愛寫豪宅，例如「帝寶」，隨便放一條成交的消息，「沒有一坪兩百萬元，買不到」，馬上就可以佔據各大版面頭條，電視台還派SNG去追，有媒體免費幫你拱價錢，哪有比豪宅更好操作的投資標的呢？

要進入豪宅投資的遊戲場，「眉角」，就是裝潢。

「重裝修」奧義第一招：拷貝設計雜誌，偶爾用點眞品

我要來提一下黃永洪先生，他是超級大牌的知名室內設計師，經常出現各種時尚趴，跟名媛富豪交心交朋友，名氣響叮噹。問題是，找他設計的人多如過江之鯽，我曾經打電話給他的助理，問問黃大師的裝潢行情，結果，助理第一句話問我坪數有多大，第二句話就問我，「你是哪位？誰的房屋要裝潢？」也就是，事務所太忙，尋常人家的個案，沒時間接啦！

但是，他的裝潢風格，充滿流行時尚元素，有錢人一看就會喜歡，投資客請不動他裝潢，而且大牌的設計費跟裝潢施工成本超高，投資客怎麼可能眞會花那麼多錢請大師出馬？

抄嘛！大陸流行的山寨版，台灣的投資客早就在用了，去書店翻翻有大師作品的設計書或裝潢雜誌，照著大師的設計，山寨一下就好，成本五百萬的裝潢，一百萬就可以看起來一模一樣。大師用進口的亞曼尼，投資客就用仿冒牌，進口的三人座沙發要四十萬元，模仿的只要十萬元，而且，皮質一樣、款式一樣，就差那個mark貼在上面而已。

燈具也是，一堆工廠賣「施華洛世奇」的水晶燈，天知道人家只做水晶不做燈具；實際上，山寨版只是去買「施牌」的水晶，找工廠自己組裝燈具而已啦，光源一樣璀璨，但是，價格只有名牌燈具的五分之一。

壁紙也是，號稱「時尚F4」的小開丁春誠跑去當藝人，他家出品的壁紙紅遍全世界，可是，眞要用這牌子的壁紙，還不便宜耶，「一才」都要上千元，怎辦？簡單啦，模仿的一大堆，這年頭，你要買LV花樣的壁紙，網路上都找得到，倒是眞正出過壁紙的「古馳」（Gucci），因爲受不了太多的仿冒，乾脆停產，免得仿冒品打擊眞品價値。

就這樣，到處copy，中間夾雜用一點眞品。我朋友住在基隆路旁吵得要命的住商混合大樓，買價一千二百萬，花三百萬裝潢，最後，華麗的用兩千萬賣掉，半年不到大賺五百萬元。

這就是將豪宅的裝潢心法，套用在一般住宅上的投資奧義。**房屋總價連同裝潢在三千萬以下的案子，有不少這種山寨版中古豪宅**，但屋子的問題也和上一篇的輕裝修一樣，看得到的地方富麗堂皇，看不到的地方隨便搞搞，那些水電、壁癌問題，同樣也不是投資客會幫你處理的。

「重裝修」奧義第二招：擺設品畫龍點睛，象徵品味

百坪上億豪宅就不能用這招，勢必要買些眞品來裝潢，因爲有錢人都很識貨，他只要當季款、現在最潮的單品，例如Fendi最有名的水晶抱枕，你有，就代表這房屋上得了檔次、經得起挑剔。投資客的優勢在哪裡？就跟網路團購一樣道理：殺價。Fendi水晶抱枕一個一萬多不便宜，但是，如果你一次買五十個，價格很好談吧！名牌家具賣你一張沙發折扣有限，如果你要買五張、十張，通常優惠價八折，如果要更省一點，自己飛到產地去抱一堆回來，比如峇里島或是米蘭，都是台灣價的六折。投資客因爲手上房屋多，裝潢需求大，國外採購裝貨櫃運回台灣都划算。

最重要的，是**擺設品**。裝潢無論再怎樣氣派，沒有這些代表主人收藏、雅好的擺飾，就顯得房屋沒品味、沒人氣，簡單來說就是「做戲只做半套」，過不了有錢人的法眼。用這招最好的優點是，這些飾品只是擺好看的，你賣掉房屋就可以回收，萬一客戶要，還可以高價賣他。所以，**奇石**、**字畫**，就是最好的加分項目，一顆看起來彷彿有風景的爛石頭，擺在高級原木座台上，就是一幅好景致，

成本才幾百幾千元，對方想買，就賣個幾萬元囉！字畫，你去峇里島或是中國大陸，一堆工匠幫你畫，物美價廉哦，但是你去台灣的畫店瞧瞧，超級昂貴。當然，也有人專門捧台灣畫家，一年買個十幅二十幅的，除了炒作畫作以外，就是要來炒他手上的房價。

一般菜籃族投資一、兩間房就了不起，大咖投資客可是一次就來個十間以上，裝潢成本硬是比你便宜。隨便一個馬桶，建商和大咖投資客都是買三．五折，一般設計師買五折價，散客買七折價，這是業界慣例，想當小投資客賺大錢？看到這裡，知道現實了吧，你要怎麼跟人家拚下去？

5 投資客的黑心裝潢術（下）

男女大不同之「性別裝修法」

全民打房，重點提示

對付女性客戶，投資客會掌握「一廚二浴三收納」的大原則：L型大廚房、高腳椅吧檯、泡澡大浴缸，以及超級大衣櫃，至於隔間、水電不重要；對付男性，客廳大、廚房小，隔間要留孝親房（即使比瑪麗亞傭人房還小），最後必殺絕技就是拉條網路光纖線！

姐姐妹妹眞偉大，這話可不是我說的，有房仲自己統計，**買屋的決定權，超過六成操之於女性**。這點黑心投資客了然於胸，所以裝潢的撇步，就在於讓女性客戶超級滿意當場昏頭，就像啤酒廣告裡那群進到更衣室驚聲尖叫的女孩們一樣，才有機會把破爛的黑心投資屋，讓女性同胞們用高價買下來。

女人這麼好騙？其實投資客騙男生女生各有不同的技法，我不是歧視，但先談談女生，哪個女性同胞會關心插座有多少個？電壓多少？啥一百一、二百二伏特？安培數有多少？太專業啦，房仲講破嘴客人還不想聽，可是，你只要給她一間L型的開放大廚房，牆上還掛有電視可以一邊作菜一邊看韓劇，媽媽們當場心裡尖叫臉上微笑。最棒的是，廚房要連著一個吧檯，擺上兩張（永遠用不到的）高腳椅，年輕女孩們馬上開始幻想，坐在這裡跟老公吃早餐喝咖啡，啊～眞是人生最高享受啊！

女性客戶　秒殺裝潢術之一：廚、浴絕對要美形

再來間寬大浴室，有面從頭到腳全身入鏡的超大鏡子，浴缸旁邊必定會打出一扇超明亮的大窗戶，管它會不會影響結構安全、或一開窗就面對隔壁廚房的排油煙管。浴缸旁一定要有個小空間，夠放各種不同的沐浴乳、洗髮潤髮精，最好還能放咖啡杯、紅酒杯，當場五星級飯店泡澡的FU就出來了。

接著，洗手檯一定要有石材檯面，搭配一個超大的櫃子，裡面可以放十包衛

生棉、二十包衛生紙、三十罐備用的沐浴乳跟洗髮精。天花板則是裝一台三合一的暖風機，這樣冬天就算寒流來也不必怕冷，可以好好享受泡澡順便敷臉，當然得對自己好一點嘛，每天泡澡泡一小時。女性客人八成馬上：買單！

當然，那間**大大的開放廚房，以及大大的浴室，常是將隔壁房間的牆敲掉，硬隔出來的結果**，反正另一個房間不要做衣櫃，包裝成書房就好。而浴室大多是陽台外推的結果，反正大家都貪便宜，不會留意陽台有多大；更何況現在還有洗烘脫三合一洗衣機這種加分工具，擺上一台馬上可以彌補陽台空間的不足，讓你不會留意到衣服、棉被要曬到哪裡去的問題。

女性客戶　秒殺裝潢術之二：主臥室大衣櫃

還有，主臥室很重要，有沒有採光不要緊，重點在於你要裝潢出一個很大的衣櫃或穿衣間，可以讓女主人放很多很多衣服，最好是加設足以擺很多包包的展示櫃——對，女生最在意收納功能了，臭男生都只會亂丟襪子內衣褲，哪懂得女生理家的辛苦，收拾家務很累耶！櫃子不大怎麼夠用！你真是個善解人意的投資客！女性客人又中招了：我要買！

女性客戶 秒殺裝潢術之三：品味，象徵屋主不缺錢

我沒有忘記這篇是要寫投資客的黑心招數，所以，繼續來看中古屋的其餘角落。在某些明顯的小地方一定要有一些空瓶與包裝，比如香奈兒五號、LV的紙袋。喔，差點忘了，你一定會在廚房或餐桌上，發現狀似隨意的擺放著兩瓶進口氣泡礦泉水，或是空的凱歌香檳，在酒櫃裡放上紅酒五、六瓶。品味嘛，讓你覺得，這個屋主一定很有錢，他的房子風水好，住得好才要搬去更大的豪宅，你看屋主都可以買LV，應該不缺錢不太好殺價，大概目前的價格已經是底限了。女性客人再次中招：我要買下來！

對單身或是沒有小孩的夫妻來說，重點在於廚房、浴室、主臥室，其他區域容易忽略，所以呢，你常可以看到這類房型：**多半是書房小到只能用玻璃隔間，主臥室非常大，廚房非常寬，客廳就一般般**；其他與裝修有關的，比如窗戶是否會漏水，有沒有氣密窗，大門是不是換了防火門，水管是不是依舊生鏽，這些對

投資客而言都不重要。

不要怪我罵你傻女孩，羊毛出在羊身上，你看到的華麗裝潢，都是投資客用前面兩堂課的黑心裝修法堆砌出來的，他可不會管你三十坪房子配間超大浴室，到時候其他空間有多難用，更不會管開放式廚房的油煙問題怎麼解決。其實只要你願意用功**找沒裝潢過的中古屋用力殺價**，價差拿來自己裝潢，起碼電線是新的、水管是新的，牆壁不會漏水、大門可以防火，偏偏你要給黑心投資客賺，怪誰？

男性客戶　萬用裝潢術之一：餐、廚「普通」爲原則

再來談一般人以爲比較理性思考的男性同胞，投資客也有對付之道。基本上，主攻給男性買家的裝潢法則，通常都是針對剛結婚、準備要生小孩的小家庭居多，因爲這些剛要成立家庭的男性購屋者，很多是男方家長會出自備款，買方涉世未深也沒有太多的購屋經驗，正是投資客下手的肥羊。

小坪數的套房，多半裝潢給女性買，可是三房兩廳的小家庭不太一樣，男性

通常要付擔多一點的房貸，也會考慮到小孩的需求，所以思考模式有時跟女人完全不同。男性買家會看客廳的大小、餐廳是否可以擺四人份、六人份的餐桌，自己媽媽有時會來幫忙照顧小孩或是煮飯給大家吃，廚房是不是擺得下冰箱等等，這些都是務實派新好男人的購屋邏輯。

所以，三房兩廳的物件，不管屋況之前有多糟，裝潢的基本盤，就要部分符合女人的需求，再加上一些男人的想法就大功告成啦。傳統三房兩廳，地段通常不算特別好，完全針對小家庭的物件，廚房不用太大，只要標準的一字型就好啦，反正夫妻都在上班，下廚的機會也不多，廚房只是用來煮水的，搞成L型的是要怎樣？種田嗎？廚房、餐廳只要過得去就可以，搞那種開放式大廚房，一定會被實際上出錢的金主——男方的媽媽、未來的婆婆打槍。

男性客戶 萬用裝潢術之一：三人沙發、三房兩衛

客廳，最好要放「三加二加一」的全套沙發，萬一空間不夠，起碼三人座外需再加一張老爺椅，那是用來營造看電視配洋芋片的氣氛。接著，一定要有三個

房間，不管房間有多小，**就是要三房**，一房給夫妻，一房當書房兼小孩房，一房給父母偶爾、萬一來睡，不留一間孝親房，老爸老媽幹嘛幫你出錢？至於房間太小、衣櫃不夠大，沒關係，反正只是「偶爾」，一年又用不到一、兩次，誰會記得多買這個迷你房間的坪數，可能就要多付百萬元！

浴室，一定要有兩間，前面提過女性喜好的浴室了，主臥室的夢幻衛浴還是要照做，但空間有限，另一間一定是超級狹小。很多男生最想要有專屬的馬桶，他可以隨時不蓋上馬桶蓋，反正這個是他用的，家裡那口子也比較不會囉嗦嫌髒；而且萬一媽媽來照顧小孩，還可以多一個洗澡的地方，看，多方便。

男性客戶　萬用裝潢術之三：插座不嫌多、光纖線必拉

插座很重要，一定要多，在客廳的正面與背面、廚房的牆面、餐桌的地板、床頭兩側、床尾兩側、書桌等等，通通都要加上雙插頭，管他以後電壓夠不夠用、全部電器一開就會跳電之類的，有插座就贏一半！沒電？不關投資客的事。

想加分？就得靠網路線了，書房給它拉一條光纖網路線，房價馬上加分。不

相信問問你旁邊的男性同胞，網路對他有多麼的重要啊，何況電視廣告一天到晚講光纖網路有「十妹」、「二十妹」，看得心都癢，一個月一千多的月租費，隨便吃一餐就沒了，網路，是生命！誰管你買了房子以後，得縮衣節食付房貸的沉重負擔啊！

如果你有看過《黑心建商的告白》，裡頭有提到，油漆要二底三度，總開關要各房各室獨立，客廳寬度要三米以上，還有排水管、電梯、緊急發電機等等各式各樣的建築施工學問，這些對於投資客來說，完、全、不、重、要，誰管哪麼多？可以**高價賣掉的裝潢，才是好裝潢**，好不好用、有沒有危險，管他的咧！

6 這些事等投資客來教，學費很貴！（上）

假自住、假租約 騙你多付高房價

全民打房．重點提示

要識破「假自住」其實不難，先看謄本轉移日期，再看破爛的老家具是否太過不合時宜，碰到屋主記得問附近的郵局在哪裡，投資客請來演戲的假屋主，一問就露餡。

來了來了，又是一個我超激賞的書名：《這些事等老闆來教，學費很貴！》，本書作者是日本的人力專家，他認爲「工作習慣」老闆無法教你，如果非要老闆開口，你將在職場付出殘酷的代價。這道理與房市差不多，有些事投資客、房仲也不會笨到去教你，等你中招，同樣也會在房價上付出高額學費。

投資客買了房、經過包裝後，爛房煥然一新，要怎麼賣給你這種老實人呢？有個秘訣用了一、二十年，說破不值錢，就是「自住」，用盡手段來明示、暗示，這是屋主自住的房屋，不是投資客的房子，我沒有要賺你錢哦，要不是我欠錢準備跑路，或是房子太多住不到，才不可能以這麼低的價格賣你咧！

「屋主自售」是房仲最愛拿來用的一招。房仲帶看的時候動不動就說：「屋主移民」、「屋主調到外地去工作」，此乃人之常情，如果房仲老實說：「這是投資客的房子，他們低價買入，準備高價賣出的。」誰會買啊？所以投資客拚命要把低價買來的房屋，包裝成屋主自住。基本上只要用點心思，騙騙一般老百姓不難，憑裝潢跟靠房仲的努力演戲，買方多半會相信。我問過仲介，只要他對傻呼呼的客人這麼說，十個有九個會相信，房價拉得高，投資客與房仲手牽手一起賺。可是，你想想，哪來的這麼多「移民」、「調到外地工作」呢？很好騙吧，這種老梗居然也用了一二十年。

「**屋主自住**」的房子就是要讓你覺得，原本住這裡的人，發財了、高昇了，風水超好，住者安居樂業，而且，賣屋理由正當，機會難得，房價不貴個一成說不過去。縱使賣價只是同行情一樣高，你想投資客買價通常只有市價的一半，高則市價八成，隨便算算都有二成以上的獲利。

爲了多賺這個二成至五成的獲利，投資客想搞「假自住」，也要做點功課花點工夫。我拜訪過一位中咖投資客的家，根本就是資源回收中心，有如倉庫一間，收集一大堆舊衣服、破家具、空瓶子，要幹嘛呢？當他買了一間房屋，裝潢過後，這些僞自住道具就出場了，在衣櫃擺兩件舊衣服、鞋櫃放幾雙鞋、門口放兩雙舊的藍白拖，客廳擺的一定是舊的廉價紅木硬椅，或是放張已經脫線的藤椅，房間裡得放個三和牌學生衣櫥，還有，教科書也要放幾本，八百年前的國語課本都要丟個三本在桌上，這些都能營造出屋主是小朋友長大，準備換屋的表象。這種種的努力，就是要搞得像屋主住很久，第一手屋況自售的模樣。

有多少客人看房子會留意房屋謄本上的前次移轉日期？當一個晚上仲介帶你看三間房屋，一間一小時，你下班已經很累了，看完都十一、二點了，誰會看那麼多，一連幾晚看完一共十幾二十間房屋，你根本忘記原本中意的那一間，有啥該注意的角落或細節，頂多會開始想：「要重新裝潢該找哪個設計師，好像有些家具該請屋主丟掉或移走……」

最狠的，假自住也有槍手，你在網路上看到有人刊登「**徵房屋管理員、免費**

供住」，那就是了。若是大咖投資客，有那麼多房屋待售，自是無法閒閒沒事做角色扮演，你問台灣最大咖的雄哥跟永哥，手上兩百間怎樣演啊？不用演，只要找人在房子裡面看電視、吃東西、睡覺就好，怎麼看你怎麼相信。要辨別眞假屋主很簡單，我就曾經故意問：「**附近哪裡有郵局啊**？**公車多久來一班**？」沒有住很久的假自住者，才不會知道哪裡有郵局。請別問哪裡有便利商店，這個問題太沒深度。

「S大，你講的不準，房仲說那個人眞的是屋主，正好回來拿東西，他的衣櫥裡東西也很多，不像是假裝的耶！」投資客是專業組還是業餘組，就差在這裡。中咖專業組可是眞的會住在自己買的房子內，他們就有如此毅力，房子賣了就隨時搬家，長期下來練就了輕鬆搬家的絕活。你看過《型男飛行日誌》這部電影沒有？男主角一年在家待不到六十天，專業的投資客也差不多！

我認識一位徐姓的中咖投資客就跟我說過：「想當投資客，入門功課就是要隨時搬家，我爲了要賺錢不結婚，你想哪個女人願意陪你每兩個月搬一次家呢？」他搞假自住還有個絕招：「**一定要偶爾在家裡煮飯**，現在很多看房子的客人很精，會瞄抽油煙機的集油盒有沒有積油，來判斷是不是眞的自住！」

假裝自住的房子可以多賣兩成，但是當游牧民族逐水草而居，那是中咖投資客的玩法；對大咖投資客來說，若黑心程度不夠，萬一隨便虧一個案子，就等於做白工，所以大咖投資客追求更高的報酬、更省力的做法，方法就是用**假租約**來呈現好的租金報酬。

如果說一間市價約一千萬元的房屋，租個兩萬元，租金報酬看起來有二．四％，在現在的投資市場來說，已經是定存一倍多——當個包租公？你可能還不會心動，而這個價格對投資客來說也不夠暴利，起碼要賣到一千兩百萬元，有的更狠，甚至會開到一千五百萬元。投資客會跟你玩一招：一千五百萬元自備款只要三百萬，同樣月租兩萬的房子，「現金報酬」八％！投資報酬率這麼高的房子，正好拿來削想買房置產的菜籃族投資客。

現金報酬，就是拿出多少現金，然後回收多少報酬的計算方式，這樣講也沒啥不對，你把錢放在定存也是拿多少現金、回收多少利息。請注意，這個報酬眞有可能達成，但是，你更有可能會賠上房價或是萬一升息利息支出加增。雖然黑心投資客一定告訴你：「房價只有上漲沒有下跌，你看這二十年來的趨勢就是這樣，上次SARS的時候你沒有賺到，現在正是你賺錢的時候，更何況，這間帶租約，你不賣房子就沒有賠錢，還賺到租金！」

地段好的房屋，是很有可能真的附帶租約，地段不好的物件就難說了，手腕夠狠的黑心投資客，並不會真的讓房屋出租，你想，房子真有出租給別人住的話，怎能讓仲介拿著鑰匙帶你隨便看屋呢？怎可能白天也讓你看、晚上也讓你看、又讓你帶著三姑六婆去看？

租約是假的囉！

當這間房屋行情一千萬元，或是投資客當初花了九百萬元買下，他會只想賺這點租金？PO上租屋網癡癡等待租客上門？你想太多了，當然是隨邊找個人頭簽下一紙租約，有的租約還有公證，那更像一回事了，前面講的找流浪漢假自住，一樣的道理，假租約也是這樣來的。

住宅的租約，通常一年一簽，店面可能一次簽三、五年，**黑心投資客要騙你的錢，絕對不會拿剛簽約的合約書給你看，他會給你看「續約」**，讓你覺得，這個租約很穩定，不太像是假的，上面的收款印章或是簽名，每次都不一樣，顏色也變化多端，連租約本都可能有一點被翻爛的感覺，這些效果黑心投資客早已做到爐火純青，看不到什麼瑕疵。

回到房價，照行情可賣一千萬元，租約每月二萬元，一年就是二十四萬元的租金，他想賣一千兩百萬元，這個「租金補貼」你自己算，黑心投資客現賺三百萬，花小錢補貼你一年都很划算，更何況，他還會加一句：「隔壁賣兩千萬喔，要不是我要移民、公司調我去大陸，怎可能會這樣賣呢？」就這樣，你的辛苦錢，再次落到黑心投資客的口袋裡。

7 這些事等投資客來教，學費很貴！（下）

大咖找仲介，小咖募學徒

全民打房・重點提示

投資客的房屋會透過房仲「洗」出三成的漲價幅度，先賣小投資客、菜籃族投客，最後賣給拿著鈔票向前衝的你！要記得看房屋的轉手次數，如果傻傻的接到最後一棒，可就成了投資客獲利了結、墊高行情的工具。

一般人賣房子，通常會直接拿著權狀，走進看得順眼的房仲公司，找名經紀人說：「麻煩你，我要估價，順便給你賣，記得，要幫我賣個好價格哦！」眞是客氣啊，沒辦法，誰叫你是只賣一戶房子的小市民，房仲求爺爺告奶奶的對象，絕對不會是你，而是那些投資客大爺們。

幾位大投資客手上房屋一堆，房仲經紀人打破頭也要找到本人或電話，然後使出打死不退的磨功：「拜託您、求求您，讓我幫您賣房屋，我佣金折半，不、我不收您佣金幫您賣屋。」人稱東區店面一哥的江醫生，他的中藥鋪可是經常擠滿各大房仲，一堆人像膜拜似的，請求賜給一間房屋來賣。

你家的中古屋，經紀人可是會挑三揀四亂開價亂殺價。但當有客戶想買「帝寶」、「信義之星」這些地段很好的房屋，尋常房仲可是沒有貨的，所有的好貨，幾乎都收在大咖投資客手上，這些房仲當然要膜拜大咖投資客了。

我不禁大大的佩服投資客買屋的眼光與手法，當你覺得景氣沒這麼好的時候，投資客買屋可是用掃貨的，台北信義路上的「勤美璞眞」，就是這樣被掃光。

當然，投資客不只要會買，也要能倒貨，才能賺大錢；要倒貨就一定會有個好夥伴：**房仲**。幾大投資客都有固定配合的房仲公司，全都是你路上看得到的那些品牌，老實跟你說，沒有一家例外，有些形象好的房仲品牌強調自己絕不跟投資客掛勾——董事長不掛但業務員掛啊，利字當頭，要不然年底的數百萬、上千萬的業績獎金，怎麼來？

投資客炒房價，房仲是幫凶，價格被炒上來的關鍵，就在於投資客和房仲聯手倒貨的銷售流程：A咖的投資客經由房仲的人脈，賣給B咖，房價加一成；接著，B咖的投資客再經由房仲的人脈，賣給菜籃族投資客，房價又加一成；最後，菜籃族才又再經由房仲的人脈，賣給你，這樣，就又再加一成房價了。

爲什麼會這樣賣？很簡單，當房仲經紀人跟投資客「求」到賣房屋的機會，他可是會動用所有的人脈，打電話給熟識的其他經紀人，包括同公司或不同家的Top Sales，用人脈來賣房屋；你再想想，頂尖的業務員就這一群，一年做幾億元的業績，難道是一個人跑來的？別這麼單純啦，「人脈」才是賣屋的手法，大家手裡的貨倒過來倒過去，互相倒，業績也就這樣跟著撐出來，有錢大家賺啦！

那你會問了，A咖投資客直接倒貨給一般消費者，自己就可以賺三成，何必多此一舉呢？

沒有之前一成一成墊出來的價格，哪個阿呆消費者會多花三成買一間投資客的房屋呢？投資界都知道，想要賺到錢，是要有點順序的，有些貨可以這樣直接倒給一般人，有些貨得經由房仲體系來倒貨。這種一手經一手多疊出三成的房價，對A咖投資客還是有好處的，因爲，他手上還有同社區的好幾戶。**先放一戶**

出來給房仲賣，等到炒出加了三成的行情之後，你以後就會直接買到投資客加三成價的房屋，賺法就像黑心建商一樣，三期加價法。

有時候，我會在一些報章雜誌讀到：「我們家房仲公司，絕對不跟投資客掛勾。」心裡都在偷笑，這些老闆們，當然不會自己跟投資客掛勾囉，而是你底下的經紀人，況且，你這間房仲公司若如此「潔身自愛」，賺啥？

投資客跟房仲合作，還有一個最大的好處，就是放新聞。

只要你在報章雜誌看到，「房仲表示：帝寶沒有一坪兩百萬元，你是買不到的。」「××傳產老闆，打算賣掉帝寶豪宅，每戶起碼開價一百八十萬元。」「有買方表示，打算加碼，買進富豪村。」還有還有，「某神秘富豪買下整棟商辦大樓，有四％投資報酬可賺。」

光用肚臍想都知道，眞正想買房屋的人，怎可能會大聲嚷嚷說：「我要買房子！」增加競爭者讓自己的買價墊高，完全不合邏輯，可是，就有很多人信。投資客買屋的時候都是默默的買，等他想要倒貨的時候，房仲就是最好「放新聞」的工具。炒作最高招就是新聞，大咖的投資客，只要放出「神秘富豪蒐購某區中古屋」這樣的新聞標題，記者就會追、大報特報，寫得這一區很快就奇貨可居。

別說記者有沒有好處，只要餵給他新聞爆點，記者就會挖，報出來之後，就有菜籃族投資客看了新聞，口水直流的衝到房仲，指定要買這一區的房子。

這是投資客找房仲的好處，一兼二顧，摸蛤兼洗褲！

我問過一位A咖投資客，他笑著說：「我從不上新聞露臉，可是我的新聞一天到晚都有。」

別以為，這樣的新聞只存在豪宅、店面，告訴你，全部都是，什麼「商圈行情創新高」，「**台中七期重劃區有大量台商購買**」，甚至是二奶村的新聞，通通都是要讓投資客倒貨的最好工具。

這跟黑心建商有啥不同？眞可說是青出於藍而勝於藍。

找房仲買賣，是一個倒貨的方法，**找學徒**則是這幾年更上一層樓的產品。

不少中小咖投資客，有了一些炒樓的心得之後，會找幾家特定媒體，寫寫成功的炒樓故事，拍拍漂亮的照片，讓讀者覺得，「啊！這些人眞是厲害，每個都是靠炒房賺到一億。」接著，會出一本書來昭告天下，不過都是找人代寫，寫出厚厚一本豐功偉業。如果眼尖的讀者會發現，賺到錢的案例，都是「SARS買進、任何時候賣出，然後大賺一兩倍」。嫌出書麻煩，就上網公告，經營網路族群，爆紅之後還可以上談話性節目曝光兼招募會員。好吧，我得承認，有段時期「智邦不動產」的討論區是這些人成功出頭的地方之一，本人身為版主管理不周，讓這些人成名，真是炒房價的亂源啊！都是我的錯，只好現在再寫一本書來爆料！

出名了要做啥呢？自然有大量人群慕名而來，央求教導投資心法，請教大師如何可以「賺到一億人生」，從電視名嘴到網路名嘴都有大量追隨者，跟著進出房市。這種中小咖投資客利用類似股市投顧老師的做法，募集資金集體炒房，很奇怪，炒股，證交所會管，但炒房，大家都不管。

會高調宣傳的都是小咖投資客，你有經常看到江醫師、林醫師、劉媽媽這些投資A咖，上電視或報章雜誌專訪？沒有嘛！天王級的雄哥、永哥也不會直接當名嘴，告訴你哪間房子可以買。長江「前浪」打「後浪」，資深的躲在背後自己大賺，B咖追不到這些前浪，只好利用媒體的力量，吸收逐夢的菜籃族投資客，小瓜呆買家就不斷的被吸收成為「會員」、「信徒」，捧著鈔票向前衝。

坦白說，在網路被稱作「S大」的我要是跟你說，淡水能大賺三成，某間市中心大樓可以買，你可能不會相信，因為我不太寫這類投資文，我的網路文章都是教你這個不要買、那個有問題。但是，這些知名的投資客就不同了，動不動就宣揚：「我前年買進一間一千萬房屋，去年用一千八百萬元賣掉，大賺一票！」講的好像你不賺是笨蛋，你跟不跟進？當他偷偷的找你一起去看房子，你會不會心動的帶著支票簿，跟他一起賺進一億人生？一年翻兩倍，賺到十年薪水，好輕鬆啊！網路上這樣的投資客很多，大家用不同的方式來吸引「眾生」，有的擅長PO文分析房市，也有更多的「吹牛皮咖」，彷彿電視台投顧老師上身：「不要問這房子有沒有潛力，你跟著我做就對了，我身邊有那麼多的人賺到錢，這條機會只報給你賺！而且我也買了一戶，如果我沒有把握，我自己也不會買！」

運氣好的時候，可以賺到錢，沒有問題，你在SARS時期隨便買，現在看來都是大賺一票；但是運氣不好的時候，虧錢的故事隨時上演，大咖永哥虧過上億元，大咖江醫生虧過五千萬元，大咖劉媽媽也一樣虧過五千萬元，這些大咖虧錢是在繳學費，你，想繳多少學費來賺取一億人生？

我愛上流搞豪宅

全民打房．重點提示

這年頭號稱豪宅的新成屋一堆，你也希望能買「區域豪宅」來賺錢？投資客評估會賺錢的豪宅，在於有沒有名人鄰居、社區的新聞會不會源源不絕，如果你想買的豪宅，這些都沒有，勸你三思而後行。

從F咖到A咖，投資客也有成長練功的過程，大咖不是一開始就是大咖，當他們在法拍屋、中古屋大賺黑心錢，累積了豐厚身家之後，自然也會想玩點大的，豪宅、店面，就是進階大咖投資客的入門磚。

豪宅之所以會成為大咖投資客的最愛，是因為能和建商聯手、與房仲合作，

賺得豪氣，不是那些賣一戶賺幾百萬元的玩意兒，而是用「億」來做賺錢的計算單位。

不好意思，又要提到拙作《黑心建商的告白》，書中有教，經過多年炒作，豪宅已經無所不在，地點偏一點就叫「區域豪宅」，在狹窄巷弄裡的就叫「官巷」、「大隱」，醫院對面就是「養身豪宅」，淡水河邊就是「無敵海景」，搞得豪宅滿天飛，大家都有帝寶人生。

但「巷內人」才知道其實豪宅也是有分級的，從投資客的角度會分成「**超級豪宅**」、「**名牌豪宅**」和「**一般豪宅**」。先講「超級豪宅」，那必定是戶數少、住戶單純一致，大家低調的過豪宅生活，高調的做自己的事業，比如台北市的「信義富邦」。你有聽過鴻海的郭台銘大聲讚賞他的豪宅有多値錢嗎？你有聽過聯電的曹興誠跟房仲講說他想賣這間房子嗎？還是，你有聽過富邦的蔡明忠說，他蓋的這棟豪宅住起來有多舒服嗎？沒有。你去找找房仲網站、問問豪宅仲介，有沒有「信義富邦國際館」的物件正在轉售？沒有。

再來，名牌豪宅，這你八成就熟了，你一定聽過阿妹買「信義之星」如何如何（《壹週刊》報導說她家已經成爲觀光景點，後來乾脆賣了）；你也一定聽過小S在《康熙來了》、在媒體專訪時不經意的聊起帝寶人生；甚至「康師傅」的魏應州，買了幾戶又幾戶的帝寶；或是，某名媛住在大直水岸第一排的「帝景水花園」，又在哪本雜誌刊登她的美麗裝潢報導。你去問問房仲，有沒有信義之星、帝寶、帝景水花園的房子要賣？房仲一定說：「有有有，我幫你喬喬就有了，請過幾天等我消息，印象中誰誰誰手上有一戶要賣，只是不便宜。」

瞭解了嗎？兩者之間的差異在於：超級豪宅，富人擁有了之後，根本就不想賣，戶數少，擁有一戶就是一戶，比如信義富邦，比如台中的「聯聚和平」，這些豪宅即使不用來住，也絕對不是出租給誰住或借給誰用，或是等著轉售賺一票，超級豪宅就像十克拉的鑽石、故宮的白菜一樣，賣了就沒有，擁有才是絕對。

投資客想買這些超級豪宅，但實際上買不到，只好轉向買名牌豪宅，哪一間的名氣最大，就買哪一間，尤其是台北市的帝寶。

當初帝寶的規劃，多達一六八戶，就已經決定了它的命運。預售的時候，沒有幾個富豪看好，但建商搏版面功力一流，從建築師到豪華公設無一不做成新聞，當然，有很多是置入性行銷的廣編稿（長得像新聞的廣告）。成屋之後，景氣一轉，開始有一些投資客低調陸續買進，爲何？因爲龐大的案量日後一定有頻繁的轉手，同時有個這麼會製造曝光的建商，你算一下，搞不好是台灣住宅史上最多新聞的一個社區，只要新聞不斷，豪宅光環就不會消失。更何況，記者很愛寫「創歷史天價紀錄」的報導，於是，就從預售「開價」八十萬元，逐漸拉抬到現在的「一坪兩百萬元買不到」的紀錄。

最好的例子是名媛何小姐，過去她曾操作過台北信義路的「××花園廣場」，知道社區滿是有錢人，可以做鄰居生意、增加新聞曝光，你就知道她非買帝寶不可。果然，二〇〇七年她砸下每坪九十萬元買入，現在已經值多少了？更賺的例子是投資界低調大戶劉媽媽，二〇〇六年她以每坪八十五萬元買下，劉媽媽知道買了一定賺，萬一不賺，自己住也可以賺到有錢鄰居。

現在回頭看過去，都覺得當年這個錢實在是太好賺，可是，當年很多人心裡的OS是：「哪要這麼貴啊？買那個豪宅村，真不知道這些人怎麼花錢的？」後來，「這些人」花更高房價，一坪一百二十萬元買下「忠泰交響曲」、一坪一百三十五萬元買「勤美璞真」，買價也是屢創紀錄，而今，都是大賺一票。

話說回來，投資客怎知道買哪間會賺錢呢？有人買了默默無名的「一般豪宅」，等啊等，等不到高度獲利，等於半套牢，這些高級投資客怎辦到的？

答案就是跟著「貴婦掃屋團」一起買，倒貨時再來洩鄰居的底。

貴婦掃屋團一向是建商、房仲的首要銷售客戶，其中不乏一些大咖投資客，看房屋時，會集體出動，看完之後大家陸續買，各大建商或是房仲，一定會準備好高級茶點來恭候大駕，甚至一些名牌的新裝展示，都已經被指定要去哪一間預售屋接待中心亮相，以免貴婦團不高興。開玩笑，這個異業結盟已經成爲貴婦團、名牌，與建商的必要消費模式之一。

不過，貴婦跟投資客的差別在於專業度，所以才會有半導體教父被爆出，「**在竹北買了間住户拉白布條抗議建商蓋漏水屋**」這樣的新聞。高級投資客就不同，除了跟著貴婦團去下單買屋，也會做功課。所以，當大家開始下單在黑心建商的房屋，高級投資客就不會下，以確保日後房價不會被黑心建商拖累。而當大家下單在水岸第一排、景觀第一排的稀有產品，只要建商風評不是太黑心，高級投資客就會一次下兩、三戶。

長久下來，建商都認識這群人，於是，有案要推的時候，一定會特別伺候這些VIP客戶，美其名是讓她們先挑選格局，實際上，建商先賺個幾成的底，比如「關門特賣」開價給貴婦團一坪一百萬元，賣掉一定的成數，再加碼到一坪一百二十萬元公開販售，之後再開記者會打出「甫公開就已經銷售八成」的訊息，接著再拉高房價成爲一坪一百五十萬元，如此一來無論是貴婦團或是高級投資客，不用一個月就馬上賺到一坪價差五十萬元！如此循環，一案又一案，造成台北市、台中七期、高雄美術館第一排，全部都是豪宅的天下。

至於這些人買的豪宅，無論是預售還是新成屋，必定不乏新聞上報，如果沒有，「製造」就有了。**當投資客想賣屋賺錢，一定先洩鄰居的底**，不管是房仲放新聞或是投資客放新聞，都一樣，反正名人話題記者最愛。鄰居個個都是有錢人，有個抬頭就是新聞，想想現在小開、名媛到處跑趴，知名度還比明星高哩！

講這麼多大咖投資客的技倆，跟你有什麼關係？當然有，前陣子有人問我，台北市某市中心預售案快交屋，手上壓了四戶的投資客丟出來賣換現金，並打著「中山區豪宅」的名號，到底可不可以買？他覺得，自己似乎正好可以砍到投資客，殺到每坪單價跟中古屋相去不遠的價格，豪宅耶，以後豈不是可以賺一筆？

前面講這麼多就是在回答這個問題：不要以爲投資「豪宅」就一定賺，**你這棟樓會不會住有錢人？地段夠不夠精華？能不能炒新聞？**如果你沒有那本事炒作，如果你只買得起「大坪數假豪宅」，我奉勸你別跟著亂買。

結盟建商，預售屋掃貨賺翻天

全民打房．重點提示

大咖投資客之所以能夠賺錢，是因為他們總是搶在最前面，在建商申請建照以前，他們就能買到比公開價格便宜兩成的預售屋，你如果沒有第一波上車又貿然搶進，只會成為投資客倒貨的對象！

「從SARS到現在」這幾個關鍵字是台灣房市奇蹟的一貫包裝手法，問過一些職業投資咖，大家的確低買高賣，SARS時候一間間買，打套房時期一間間賣，這樣賺了一、兩倍；接著金融海嘯時野心更大，一層層買，然後最近陸續一批批脫手，也是賺了一、兩倍。這個一、兩倍，是買價五百萬元、賣價一千五百萬元、再乘上二十這種恐怖的數字，這就是專業投資客的功力。

當然，好康的便宜房子並不是每天都有，舉例而言，你可能在報章雜誌看過，哪位投資女王多會賺啦，女明星多會投資啦，連名模也來參一咖——你也知道這些人都想搏版面，跑趴時不小心春光外洩這種小把戲大家都看膩了，就找些比較友好的記者作點文章，錢沒賺到幾個子兒就出來滿嘴投資經，你卻沒看到她們虧錢的時候，可有多糗。這些名人投資客，充其量只到菜籃族水準。不信你去問問幾間代銷公司，他們的貴客名單，有沒有你認識的名人？

菜籃族找房仲買房子，買進的數量有限，價錢也不會漂亮，賺錢要看運氣，至於PRO級的，人家直接跳過仲介，**找建商或代銷買房子**，一買幾層，這種爆發力才可怕。

第二篇已經有大略提到投資客和建商的合作賺錢法，其詳細程序是這樣的：當建商批好地、畫好圖、準備去申請建照前，會打幾通電話。給誰呢？給大咖們。過去建商跟代銷都是開賣後，才找這些大咖投資客來捧場，然後慶祝風光大賣，後來碰到一些實務操作上的問題，例如萬一投資客不捧場，建商還要找人頭掛買賣，好換取預售超過七成才能通過的土地融資及建築融資；所以，建商為了規避風險，已經提早到**申請建照前就找投資客「合作」**。

場景是這樣的：大咖們手裡捧著咖啡，坐在貴賓室內，聽著建商報告這個案子的規畫，當然是一陣吹噓，然後，讓大咖挑選「樓層」，一如買包包般，我要這層那層還有頂樓等等，然後，開始喊價。建商說：「如果您打算買個三層樓或是相同的戶數，我們成本賣價一坪五十萬元，因爲您是我們的大客戶，就用這個價格賣您，未來消費者只能買到加價二成利潤的一坪六十萬。」之後，簽草約，九十度鞠躬恭迎送客。當然，在正式簽約前一定有數不清的送禮、送出國、招待以貴賓身分不用排隊看上海世博，總之服務有夠讚。

建商幹嘛以成本價格賣大咖呢？自己賣散戶不是賺得比較多？

在建照還沒送之前，大咖投資客不只能用低價買進，而且還可以參與規劃，讓他心中認定的產品，未來更好脫手。對於建商來說，雖然以較低價賣掉三成的案量，但也代表確保銷售成績已經沒有問題，價格至少站穩號稱「每坪五十萬元的成本價」，以後要如何開價賣給消費者，都很容易了。

另外，這樣長期合作下來，建商逐漸可以掌握這些大咖投資客的資金能力、投資意願，當他想要用高價標下台北市中心、新莊副都心、淡水新市鎮的土地時，根本就心裡有數，知道這塊地有多少投資客會挺他，能夠用多高價去搶地，不用擔心將來的銷售問題，大家合作賺錢嘛！

投資客買來，何時放貨？通常可以抓三個時間點。第一種狀況，因爲預售越賣越好，例如你看過我寫的「分三期房價漲價法」，**第一期買的那幾層樓，都可以在第三期的時候倒貨給代銷公司**，讓代銷賺建商、投資客的佣金，所以大家樂於配合。投資客在新莊副都心，就是這樣賺到上億的價差。誰買單？當然是接到最後一棒的你！

第二種狀況，預售沒賣好，趕不上在預售期直接倒貨，投資客也不擔心，反正只要付個訂（金）簽（約金）開（工款）十%，大約過了半年一年，如果房價上漲，**就找房仲賣**。附帶一提，大家普遍認知賣方要付給房仲四%的佣金？不用！以量制價，有的只要付一%，有的根本不用付，房仲爲了衝業績有貨賣，他向買方收就好。

第三種狀況，資金比較雄厚的投資客，**房屋一邊蓋他一邊付錢，先給總價的十～十五%**。反正又不是全額，資金可以用槓桿來操作，有些銀行願意放利息一%的短單貸款。等到快要交屋，此時建商若還未完銷，代銷會再次進場銷售建商正蓋到一半的餘屋，投資客就可以在這個時候順勢倒貨出去。代銷有一種「純企劃」的接案方式，就是收取一％左右的廣告費用，幫建商或是投資客賣房屋，所以啦，投資大咖就可以依照當時的行情，加價賣出。

我知道你一定不信，難道投資客買預售屋都一定可以賺錢嗎？他們怎敢這樣搞？秘訣就在於，如果房價是持平或是上漲，他手上滿把的新成屋，零星的丟到房仲市場上去賣，一定有「盤子」（台語，俗稱冤大頭）會高價買下，只要五間之中賺一間就有獲利，也可以當作慢慢養手中其他餘屋的成本，讓後面越賣越高。若是行情稍有下滑，他可以找代銷賣，利用美麗的實品屋與誇大的廣告，還是能吸引到消費者買單。再賣不掉？「**日租型飯店**」就是壓箱底的絕招！你看看台灣幾個大的案子，台北你看看「京站」、高雄你瞧瞧「八五大樓」，賣不掉就這樣做，創造出可觀的投資報酬率之後，再帶租約賣給想賺錢想瘋了的菜籃族，這不就順利倒貨了？

台北市內湖有某個挑高的個案，地下室全部規畫成「陽光屋」，也就是有採光的地下一層，剛開始預售的時候，這個地下樓層就被某名投資客全部買下，並放出消息說，他「可能」要經營「日租型飯店」、高檔「商旅」，這樣全社區的品質就有「五星級飯店式管理與服務」，讓想賺錢的菜籃族眼睛為之一亮，馬上搶購。可是，過了半年，這層陽光屋不知不覺中一戶戶放出去賣，一開始房仲會跟你說：「有人想買三戶來做日租套房啦，所以公司覺得可以跟他合作，以後可以售後回租。」驚！號稱五星級整體規畫的日租型飯店，馬上變得零零碎碎，這不就明白講，**投資客倒貨啦！**

以上講了這麼多投資客的黑心手段，其實只告訴你一個事實：**想靠房地產賺到錢，你一定要搶在第一波！**大咖投資客不是蓋的，買預售屋只搶**第一波主升段**，比如二〇〇九年初的新莊、二〇一〇年初的淡水、林口，當時間來到二〇一〇年中的時候，哪個大咖會進場？產品也是，當建商隔很長一段時間才推出套房產品，他才買；當豪宅剛開始出現的時候，他才買；當新政策推出時，他才買。然而當滿街都是某種產品的時候，則碰也不碰！我們看看最紅的新莊副都心就好，前三期幾乎都被投資客掃貨，之後漲價了，才輪到你買進。

現在，你了解自己為何老是買到很貴的預售屋或新成屋了吧？

租金、房價兩頭賺的店面投資學

全民打房．重點提示

投資客買店面的心法，一是挑有機會漲租金的物件，一是主動創造提高房價的價値，如高投報和簽下大型連鎖店的租約，雙管齊下，才眞正有機會能從店面產品賺到錢！

店面型物件一直是投資客的最愛，因爲金額大，買賣一次可以賺數千萬元以上，養店面期間又能收穩定租金，眞可謂是投資界的極品。很多房仲界的Top Sales，打拚一輩子的夢想，就是想在東區買間店面，退休後可以當包租公。

像這種想當店面包租公的人，只能算初級投資客，比隨便亂買的菜籃族好一點。一般投資客買了間店面，不管有沒有帶租約，總是先計算買價合不合理、租金報酬率有沒有三%以上；或是，租約快要到期，房子可以收回來自己做點小買賣之類的。初級投資客和高段投資客的差別，**就在於能否主動創造租金及房屋的價值**。大咖投資客買店面只看兩點：一是房價要賺價差，二是租金要有機會調高，而且，兩樣都要賺飽，才不丟臉。

掌握連鎖店情報，讓統一、全家搶破頭

先談租金好了，黑心投資客怎麼抬高租金？第一先做功課，整條街他都瞭若指掌，哪一間店面租金多少、屋主是誰、以及租約何時到期。先打聽到有某間店面租約快要到期，馬上找屋主買下來，一般前一手的租約都比較便宜些，尤其是租得越久的那種店，或是屋主已經移民國外、不明白當地行情的外地屋主等等。

當投資客買了這間租約快到期的店面（原則上是一年以內到期），在第一時間會告知手上平常「養好」的承租戶，比如統一超商以及全家便利商店之類的連鎖店，立即轉租出去，這樣租金就可以馬上入袋，一方面金額可以拉高，再者有

大企業承租戶的租約，將來脫手要賣的時候也是一項加分利器。你可能會問，原來的老租戶呢？黑心投資客哪管這麼多啊！管他原本承租戶是百年老店經營多麼辛苦，或是個體戶開店有孤兒寡母要養，那都不是他考量的重點。

在此要補充一下統一超商跟全家便利商店的恩怨，這一點和投資客的算盤可是息息相關。誰都知道統一超商早就是台灣最大的便利商店，但全家不服氣，硬是要跟統一比，兩家在主要商圈，多是「釘在一起」，有統一就一定有全家。所以這兩家的展店人員，平常就是諜對諜，誰去哪開了一家店，或是誰找了屋主談哪一間店面，如果地段夠好，另一家就一定會來搶。

投資客會下手的店面，已經看準附近沒半家或僅一家超商，且位置必在人潮流量高的「陽面」、空間寬敞，加上長年配合，就能吸引連鎖店卡位。例如早些年的蛋塔店，或是後來的八十五度C，只要掀起熱潮的連鎖店出現，就會帶來一陣跟風，市場龍頭或競爭對手要搶市佔率、開拓新點，就等於有源源不絕的新租客不斷以新天價搶租。

和仲介合作，坐地起價

找連鎖店進駐是一招，但還稱不上太黑心，**更狠的就是結合仲介演戲，坐地起價哄抬租金，無論用在原租戶或未來的承租方都可行**。台中有一個案例，一間服飾店原來的店租只有十八萬元，被台北的投資客買下，後來租約到期，就陸續有仲介對店家放話說新房東要轉租，房東本人更是三不五時就去店裡晃晃，說已經有人想租了，我只是來通知你一聲，麻煩你哪一天要搬家云云。該店向來生意興隆，聽到這些消息慌了手腳，連夜殺到台北，對投資客新房東說，價格你開，你喊多少我就租多少！房租最後竟拉高到二十四萬元，一拉就是三成三！

另外一個案例更扯，在台北市，同樣是租金十八萬元的店面，被投資客買下來之後，等了半年，又是租約即將到期，投資客很誠懇的對舊店家說：「有人要三十萬元租，你要不要跟？」舊店家不相信，要是我也不信，怎可能從十八萬元跳那麼多呢？結果租約一到期，房東馬上帶著新的承租方現身，放狗趕人，黃金店面馬上易主，租金硬是漲了六成六！

這道理很簡單，店面因爲物件較少，差異性又大，租金的行情也沒有一定，加上店面的所有者大多是投資客，黃金店面嘛，當然是房東最大，你拉高價我也拉，就造成這種房租飆漲的結果。

新聞炒作，投資客天價倒貨

租金進了口袋只是小錢，房價才賺得大！你也知道店面的價格隨便都要上億元，管你是台北市忠孝東路還是台中市逢甲商圈，甚至高雄的六合夜市，頂級的投資客只看準一級店面，不亂投，時間一久，就有賺大錢的效果。

北市西門町，從你小時候就已經熱騰騰，預計到我老的時候可能還是繼續燒滾滾，是台灣知名商圈。知名投資客劉媽媽多年前買下一間六千萬元的店面，後來以一億二千萬元賣掉，接手的人捧了一年，再以一億六千萬元賣掉。

你隨便找一位做店面的房仲問一問就會知道，只要是西門町的幾條熱鬧馬路，有店面開價要賣，一定有人會接手。還不懂？不管是六千萬還是一億六千萬元，不管是二層樓還是四層樓透天厝，厲害的投資客就只管買，管它買進點是不是天價，十年前買到現在，西門町的店面只出現不斷上漲的局面。當媒體再度爆出「**台北西區店面又爆天價，新店王誕生**」，任誰手上再爛的物件，都可以順利脫手，只因爲媒體炒不斷。

那麼，誰對媒體爆的料呢？當然是投資客、房仲這對哥倆好了。

所以，才會有「誰只要在東區放店面的貨、我馬上買！」這種風聲，或「台中逢甲商圈名醫一買三十間、耗資數億！」「永康街印尼富商整棟買下、半年共耗資二十多億元」，這種新聞炒作的密度嚇死你，也嚇壞想接手炒店面的人，再不快買，房價又要炒高；再不快買，就失去投入戰場把房價炒高的機會。

密集的新聞炒作，也有助於黑心投資客尋找下一棒倒貨的對象，例如最近這十年炒到爛的「**台商回鄉置產潮**」及「**溫州幫炒樓團伺機進攻台灣**」。想投資的台商或富豪，不管是房仲幫他收集資料，還是實際自己上網研究，處處充斥著這些聳動的新聞，彷彿自己不馬上出手就沒貨可買。而當台灣本土的投資客不買的時候，就輪到這些「外地人」買，但好處這些買家更不懂，而房仲、商仲們只想要賺錢，創天價後，黑心投資客手上的幾十間店面馬上待價而沽、永遠水漲船高。好店面早就炒成你搶銀行、中樂透都不見得買得起的天價！

11 投資客的總裁人生（上）

看緊你的斡旋金，少碰「投客房仲」！

全民打房．重點提示

遇上黑心投資客經營的房仲店，賣方會被壓低買價，買方則必須承擔假成交騙高房價、斡旋金及自備款被挪用的風險，而且因為品牌小，出了事，媒體青天大人不見得願意幫你伸張正義！找仲介，還是少碰單店型的「投客房仲店」為妙。

看完前面幾堂課，你應該已經清楚投資客與房仲是共犯結構，**房仲提供買賣通路以及新聞包裝，投資客出錢、出貨**；但大咖投資客會進一步想，做仲介也不難，幹嘛不自己做老闆，還要讓別人賺？所以這幾年投資客開始自己當房仲，一方面肥水不落外人田，買賣起房屋更快更有效率，有好貨色自己也可以先吃，更黑心一點，客戶的簽約金還可以拿來當短期現金周轉，好用得很。

當投資客收購房屋到一個量，比如雄哥或永哥這兩大A咖，手上至少兩百戶，案量一大就很難管理。這樣說好了，如果持有十戶的房屋，不管收租或是賣出，這些照顧的日常事務，普通人都可以做到；如果有五十戶的量，就得用電腦和一些輔助軟體來管理，每天看哪一間要查租金、哪一間要轉租、哪一間該丟到市場上去賣了，此外還得繼續買房進貨，每天看房子、跟房仲講電話、確定哪間要如何出價等等，光是中咖投資客的持有量，就足夠讓人頭昏腦脹。

大咖就不同了，像永哥，有一些助理幫他管帳、看行情，雄哥乾脆加盟大品牌，成立一間房仲店，找幾名想賺錢的業務幫他看房子、賣房子。更厲害的，另一位大咖投資客發哥，本來也是加盟別人家的房仲，後來乾脆成立自己的房仲品牌直營店。

另外也有更多不願意出名的投資客，選擇低調的加盟各大品牌房仲，直接當起房仲店老闆。我曾經問一名投資客，爲什麼不自己創立品牌，還要付大品牌加盟金？她的道理很簡單，「花一點加盟金，就可以得到全國性大仲介品牌的庇蔭，人家又出電腦連線、又幫你花錢打廣告，這年頭消費者都愛有品牌的。大房仲有些資源不錯，比如聯賣系統，當你要出清存貨的時候就很好用了，自己投資開店太浪費，把錢省起來起碼多買一間房屋。」

調膻本、包打聽，吃定賣方

當房仲老闆最大的好處，是讓投資客可以在第一時間掌握賣方的狀況，方便買進條件好的房屋。正因爲可以讓投資客好好包裝的好物件不多，通常三大都會區裡，一些容易賣掉的房屋，屋主都會簽下「一般性合約」，也就是任一家房仲都可以賣，不是簽專任合約，尤其是台北市，幾乎都是簽這類的銷售合約，買方跟永慶買或是跟信義買，有時開價不一樣，但最後成交的決定都在同一個屋主。

所以，買方不重要，因爲透過這樣的聯賣方式，同一間房屋在各大房仲都會出現；賣方，才是大咖投資客盯緊的對象。要怎麼著手呢？當然是希望能在第一時間鎖定賣方，並利用談判的技法，以低價進貨。

我聽過這樣的對話：「你這房屋曾經漏水、以前死過人耶，我認識之前的屋主，這種房屋的價格不會太好喔，但是我手上剛好有一組客戶想投資，不信你去找其他房仲估價看看，有沒有我客戶想出的價這麼高呢？如果有興趣的話，我馬上打電話給客戶，叫他帶支票簿來簽約。」

這當然是胡扯一通，因爲仲介早就去調過**謄本**，他很清楚你的房屋之前有轉手過。除非前任屋主是你的親戚或好友，要不然任憑他怎麼掰，你也不知眞假，只會被騙得一愣一愣的，就有可能聽信他的話術或在希望盡快換現金的壓力下，匆匆忙忙的低價把房子給賣了。

這就是爲什麼所有的房仲老闆都會要求業務員「深耕地方」，每個人選一棟社區來經營，每天找管理員、住戶用力的哈拉，就是要發掘各種鉅細靡遺的資訊，才能知己知彼的打擊賣方客戶信心。有些用功的業務員，甚至還能掌握到社區有誰離婚、有哪個小老婆、以及誰的長輩何時過世。這些社區住戶大小事，就是關係到屋主會不會把房屋拿出來賣的重要資訊。

我自己就曾經碰過這種狀況。某房仲特地跑到我老家，騙家母說：「妳兒子在網路上要賣房子耶，好像想賣一千兩百萬，其實啊，我們手上有很多客戶想要那個社區，絕對會加價一百萬元跟你們買，不信，你現在**用我的手機**打電話給妳兒子，快跟他聯絡。」

這是因爲我目前住的社區有管制，房仲無法直接接觸到我本人，只好動腦筋轉向曾經登記的老家。話說本人的房屋市價根本不到一千萬，當然也沒有在網路上賣屋，仲介以這種可以賺暴利的謊言，就是要讓人心動、利用老人家來「套」出我的聯絡方式。

房價高的時候，有好房屋的人就是老大，如果你手上的房屋地點與景觀條件皆優、一年內這棟社區沒人要轉賣，你將會享受到房仲的甜言蜜語轟炸，聽多了，你一定開始覺得自己的房屋很値錢、人人搶著要並且獲利驚人。

大咖投資客利用房仲的連鎖品牌直接跟第一線的客戶接觸，每天，拚死命想賺錢的業務員，會回報各個客戶購屋意願如何；當房仲店老闆自己想「倒貨」的時候，就可以精準操作業務員累積的潛在購屋客戶名單。同樣的，「投客仲介」會在自己的店頭物件中，先高價**假成交**一間格局爛的房屋，主要是**製造假合約書**，或是**假的過戶證明**，反正一年內的交易多半課不到土地增値稅，再將想賣的房屋，以更高價格來「**真成交**」。

你不用懷疑房仲店爲何到處都有，密集的程度快要追上便利商店，有些路段甚至各大房仲一字排開、全部到齊，因爲，大家都想利用大品牌的效力，搶貨、倒貨。

你的斡旋金就是他的周轉金

投資客自己當房仲店老闆還有一個好處，房屋買賣的過戶時間，短則三、五天，通常一個月左右，這時，就可以利用這一個月的時間差，來玩玩金流的槓桿遊戲。

買房的時候，仲介會要買方拿出十萬、二十萬來當作斡旋金，買賣成交就可以轉爲購屋的訂金或是頭期款。這個現金，就是不肖仲介的周轉金，他可能拿來付別間房屋的貸款！而這還算是小型周轉咧！

買賣簽約之後，通常在過戶前至少要付個兩成的自備款，一千萬元的房屋就是兩百萬元，這筆錢，正牌的房仲會存在信託專戶裡，但是，不講沒人知道，黑心房仲都直接轉到他們公司的戶頭裡！一戶房屋存個兩百萬元，十戶就是兩千萬元，**一個店頭只要能隨時保持十戶的成交水位，就等於持續坐擁兩千萬的周轉金在銀行戶頭**。你說大品牌都很自愛？都有履約保證？用孤狗大神查一查吧，自備款被房仲盜用的新聞層出不窮！

我問過大品牌房仲的總公司員工，遇到有問題的加盟店店東、經紀人，他們會如何處理？得到的答案是：「我們只能請那間加盟店的店長想辦法讓客戶滿意，並且依法解決，該賠就賠囉。」聽起來好像很負責，但落實到加盟店東，說法就變樣了：「這是業務員的個人行爲，站在店長的立場，總之就是想辦法協調。」言下之意，先保住大房仲的名聲，然後想辦法少賠一點錢。

但如果是小品牌房仲呢？那些你聽都沒聽過，單店型的「香蕉房屋」、「芭樂房屋」呢？買房屋出現問題，你找媒體爆料投訴，搞不好還會被記者笑說：「這種牌子太小沒人知道，寫了主編也不會登啦！」

簡單一句話，如果你要買賣房屋，自保之道就是找大品牌吧！萬一出事，至少報導版面也會大一點、搞不好會有記者幫你評對方「劣劣劣」！

12 投資客的總裁人生（下）

標地養地，我就是建商！

全民打房．重點提示

光是二〇一〇年的一到七月，台灣的營造業就增加了三千多家！有雄心壯志的投資客，紛紛改行標土地、當建商，例如新莊副都心的住宅土地與商業土地標售，有九成以上都是投資客出的標單。買地養地炒地，熟悉遊戲規則的黑心投資客比原來的黑心建商還剽悍、更諳炒新聞之道！

看房子、買房子、出租、賣掉，這樣的流程，要等到獲利收成，快則三個月，慢則好幾年，而且，這只是一戶，縱使你買店面，想要賺到幾千萬或是上億，花的時間也不會少，以相同時間想要賺到幾億，當然是自己來當建商了。

打電話給投資大咖永哥，跟他聊聊最近在忙什麼，他笑著說：「還是在買地買房囉，這幾年收下來，快要可以重建，我要當建商！」這個圈子裡大家都知道永哥一年騎壞一台機車的傳奇故事，雖然他的投資標的大多集中在大台北地區的房地產，但是一年買一台機車的辛苦，不足爲外人道，遠不如開賓士、巡工地、找專業的人幫他一次賺個幾億，來得暢快。

翻開台灣房地產發展史，你很容易就可以發現，幾乎所有建商都是這樣發達的：買賣房屋覺得獲利很大、本來是蓋房子的工頭覺得獲利很大、做建材的貿易商人覺得獲利很大，於是這些人通通轉行做了建商。接著，一些本來是開工廠、賣汽車、搞食品的，發現建商眞好賺，一年可以賺好幾個資本額，幹嘛死守著自家的夕陽產業？所以也來標土地，變更一下當年祖傳的工業土地，炒樓去了。喔，最近連賣唱片的，也大打廣告要在新莊蓋房屋了。這年頭，有土斯有財，有土地就是老大，標下來放個幾年賣掉有得賺，自己蓋房屋來賣更是賺，所以有土地資產的公司格外吸引人，在股票市場，「資產概念股」就是金光閃閃。

二〇一〇年政府自己的統計，七個月來，**營造業多了三千多家**，是公司行號增加數目的第三高！你就知道有多少人想投入這個暴利的行業了。

所以，這年頭專業又大咖的投資客，都在做啥呢？這些人看到那些推案前十名的建商都賺飽飽，回頭想想自己財力又不輸人，幹嘛總是幫他們抬轎（怎麼抬？請去翻翻第八堂課），到最後只能賺這種以一戶一戶計的「小錢」，自然是有爲者亦若是、胸懷大志紛紛轉型當建商。反正，手上有土地，找代銷公司幫你規劃，找建築師幫你畫圖送照，找廣告公關公司幫你上新聞買廣告，找營造廠幫你蓋，錢，找銀行幫你出，這麼簡單的公式，誰不想狠狠撈一票？

金融風暴那段期間，投資客滿佈市場，不論房仲或代銷的案場，都是投資客捧著鈔票上門；後來，土地市場越來越夯，投資客轉去找土地仲介、法拍，甚至是政府正在招標的幾塊大計畫，如**新莊副都心的住宅土地與商業土地標售，有九成以上都是投資客出的標單**。市價一坪一百萬元的土地，在投資客的操作之下，一百五十萬元都敢標，反正他標的是角地，以後要賣給建商整合，一坪絕對是三百萬元才會放手，建商不買帳，那就抬棺材來放，擺明穿草鞋不怕穿皮鞋的。下一塊地，一定朝每坪兩百萬元邁進，順手墊高之前買的土地價格，這種標地法，啥人跟我比？勇敢向前衝，一如投資客在操作房屋的狠勁。

土地買下來後還有戲，養地亦需要資金成本，所以當投資客買了一塊土地，會先拿來當停車場出租，或是找人在這裡賣汽車，甚至搭鐵皮屋賣十元商品，反正土地都買了，不賺白不賺。台中的地主更厲害，直接蓋簡易版汽車旅館，或結構是鐵皮屋但裝潢高檔的餐廳，如此有土地揹客上門，地主就直接打槍：「要我賣土地？免！我生意做得那麼好，幹嘛便宜賣你，你回去想好要開多少錢再來談。」有空去台中重劃區轉一轉，要是看到那種餐廳比照樣品屋規格，佔地數百坪裝潢又高檔、客人卻不見得多，這種就是標準的**地主開餐廳養地法**。

接著，找銀行貸款，把五成的**土地融資**設定好，借出來，這樣他上一塊土地的營建款就有了，也有下一塊土地的購地款。還不只這一條，只要開始賣預售屋，自然會有消費者捧錢來買，就能開始蓋房屋啦！購屋人給的是現金，營造廠領的是二、三個月以後的支票，這個時間差剛好有完美的現金流出現，消費者在施工期間繳的自備款就是讓建商輕鬆蓋屋的關鍵。

投資客轉當建商，目的明顯：賺更大。所以，他熟知的手法全部都會用上，新聞炒作法啦、高低價差法啦、房仲聯賣法等等，通通都會在這一型的建商出現，假高價合約騙你高價成交，或是把預售屋丟給投資客朋友一起炒熱這個市場。他們比誰都清楚，投資客同行每個都這麼厲害，我當建商不更加黑心，行嗎？

13 里長伯仔是貴人

培養眼線，第一手搶進便宜屋

全民打房．重點提示

想以較低的成本買進房屋，時機絕對是關鍵，投資客不會光靠房仲，他會透過社區中熟知大小事的千里眼與順風耳：里長伯和總幹事，以直達屋主天聽。投資客這招你若學起來，受用無窮。

想要提早一步買到可投資的便宜房子，只有靠「勤勞」，以及「多打聽」兩項法寶。

如果仲介告訴你：「跟你說，我剛接了一間都更屋，還有三%的租金報酬，保證很穩喔，你要不要考慮投資呢？」如果真有那麼穩、那麼好賺，房仲自己賺就好了，哪輪得到你？仲介可以說：「我們是賺佣金的啦，而且我們也沒有錢投資，這間好不容易說服屋主願意賣，我第一時間告訴你，還沒上網，也還沒通過公司的產權調查，絕對是新鮮貨！」別被騙了，要是眞的好賺，房仲第二個知道，你是第三個！**想賺錢，你必須當第一個知道的人**。

光靠仲介絕對無法第一個就知道便宜房子釋出的訊息，專業投資客有更直接的管道，例如，里長；再例如，**社區總幹事**。

每逢選舉，誰是選得最積極的人？不是縣市長、不是民意代表、更不是立委或是總統，這些都是高高在上的大人，最積極的是「里長」。

當里長，不是要賺那一個月四萬多的薪水，也不是要拿那幾百萬元的小額工程款，這些都是小錢，只夠應付社區活動的贊助、通通水溝、消毒環境這類小事，萬一想A錢也A不多，那，誰想要選里長啊？

當里長或是鄰長，一定是勤跑鄰里，尤其是都會區，地段越好、房價越高的地方，大家的鄰里關係往往都是冷漠的，所以，夫妻吵架、鄰居扯爛污，能找的除了警察之外，就只能找里長來幫忙解決了。所以我們常常看到這種狀況，夫妻要離婚、兄弟要分家，要賣屋來分家產，這就是一個千載難逢的好機會。「這樣吧，我有朋友想買這一帶的房子自住，可以用市價向你們買下來，你還可以省下好幾十萬元的仲介費耶，丟給仲介也不一定會成交啊，起碼等三個月，明天我就找那個朋友來簽約付錢，要分錢馬上就可以分，各自生活眼不見爲淨。」

當你們夫妻、兄弟吵翻天的時候，聽到這個「馬上賣、馬上拿錢」的消息，你正在氣頭上，當然是急著點頭大聲說「好」！

這就是買屋的第一手消息來源。

所以，哪一戶繳不起貸款，房子要被法拍了，誰會第一個知道？如果我欠錢，房子一法拍就啥都沒有，還要欠一屁股債更丟臉，這時如果有人要用行情的八折買，我一定會痛哭流涕的下跪感激，謝謝他解決我的債務問題。

這樣你就知道了吧，超級投資客「不是在往里長家的路上，就是已經在里長的客廳裡泡茶」，有個里長伯麻吉，勝過跟仲介打交道，仲介只是第二層關係等級，要就靠著里長直達屋主天聽。

當然也有大咖投資客走**議員體系**，利用綿長的綁樁制度，誰家有麻煩的房屋問題就找議員，他一定會幫你「選民服務」。終極版就是議員結合里長的「家族企業」——別說我胡謅，台北大安區就曾有這種例子，從議員到里長親戚一把抓，「管區」裡面的精華土地，他們家自己就有好幾塊，都是長年累月慢慢買下來的，這個，才是當里長的終極價值啊！

你翻翻台灣議員的資料庫，有多少人背後親朋好友中就有個建商？而且此事不分黨派，「藍」的企業養「綠」的民意代表所在多有。有一家口碑非常好的大型集團，就養了一位頗受爭議的議員，乍聽之下形象實在很不搭，老闆的特助偷偷跟我說：「養這種出過事的最好用，反正不需顧形象，幫你圍事時一定使盡全力，絕對物超所值！」

當不上里長，也別哀怨你實力不夠，人家眞的努力在服務里民，而且一做就是幾十年，怎可能輕易就被你踢下台？沒關係，你還可以當保全。

保全？站在門口，有時候坐在警衛亭打瞌睡的那些人？一個月賺兩、三萬元還整天被住戶罵，投資客爲什麼要跟他們打交道？

別小看保全，行行出狀元，厲害的保全或是保全的頭頭，就懂得抓住機會賺到房價的利差！不過一般來說鳳毛麟角，通常是社區總幹事比較有機會。想不到吧，總幹事幹得好，就相當是「社區里長」的地位。

一個社區，大小事都是總幹事一手掌握，他平常處理的雖然是閒雜瑣事，但偌大的一個社區，哪家住戶吵架，他比里長還早知道；社區裡有哪幾戶要賣房屋，他第一個統計跟管制出入，而要賣的這一戶是爸爸還是媽媽可以做主，也是他最清楚。

平常住戶沒事的時候，是總幹事陪著住戶抽菸、喝酒聊心事，所以，每個房仲經紀人都一定被店長教導過，要盡全力跟社區保全、總幹事打好關係，三節要送禮，平常要幫忙買便當，三不五時聯絡感情。你以爲，這些仲介爲啥這麼辛苦，待在這些重點社區大樓的時間，比待在自已家的時間還多？

我認識幾個總幹事，辦事能力超強，不論他當總幹事之前是當職業軍人的參謀也好，自己創業當老闆也好，根本都不缺錢，手上也有好幾棟房子，你以爲他爲什麼願意領每個月三、五萬元，又得老被住戶罵，莫非是因爲外面工作不好找？別傻囉！

如果你有心想買自己社區內的其他房子，多巴結你家的保全、善待總幹事吧，你很有機會聽到超好康的第一手消息！

14 「都更」煉金術

老公寓的「天價」炒作法

全民打房．重點提示

想買老公寓等都更改建，「專心」和「地段」是關鍵，不要以為帝寶後巷就是改建保證，有沒有臨大馬路、有沒有公共建設很重要，就算你沒法學投資客做天價假交易向銀行套現金，起碼買進以後要耐心等待，沒有個十年耐心，別想碰都更。

都市更新炒得兇、炒得大，你以爲這把火只燒到台北市的老公寓？其實這股熱度已經逐漸延燒到新北市、台中市、以及高雄市。啥？台中、高雄地還很多，沒有建商會想都更？那你就錯了！專業的賺錢手法，短期要賺、中期要鋪路、長期要想，都會區精華土地就那麼一丁點，卡位時間很重要，更何況投資客想卡位的地方跟你不一樣，你到台中，只會想去房價最高、全部都是豪宅的七期重劃區逛；到高雄，則是「農十六美術館」一帶，哇！房子蓋得眞美好氣派，只要台北五分之一的價格，好划算耶！但是，投資客大舉進攻的地方，不是以上兩處，是**逢甲夜市**，是**六合夜市**，這樣你懂了嗎？

還不懂？**台中、高雄什麼沒有，就是重劃區多**，所以再美的豪宅，再漂亮的街廓規畫，對大咖投資客都沒意義，因爲永遠都會有源源不絕的新重劃區推出，到時候的新成屋更新、更美；唯有聞名全國的這兩大夜市，才有蠢蠢欲動的都更暴利財。投資客搶買上億元店面，是爲了賺那租金的投資報酬？當然不是，要賺就要賺大攤的，台北都更炒到爛，拿台北的那套到中南部炒，剛剛好。

投資大咖永哥布局多年，我曾經問過他：「你買了那麼多老房子，又不賣，是要養來當台灣最大包租公？」他笑咪咪的說：「看哪天有那個命可以當建商啦，一戶一戶買賣賺太辛苦，還是他們建商比較好賺。」只是這句話講了幾年，還是沒看他搞間建設公司來玩，簡單來說，建商把咱們永哥伺候得好好的，他偶爾賣賣老房子給建商就已經賺不完啦！

誰都想一次買下一整棟，然後簽給建商改建賺大錢，但這可沒那麼容易，大家都精明，這年頭，拜台北市政府所賜，彷彿擁有老房屋就有當億萬富翁的潛力，所以大量的老公寓被投資客亂買一通。我曾經看過一戶台北市連雲街的一樓住宅，位居巷內，旁邊巷子只有四米，冷靜看看就知道沒有太高的都更價值，但你知道這幢四樓公寓開價多少？每坪一百萬元！如果賣掉，誰買了誰套牢！我問了大咖投資客們，每個都說：「笨蛋才會去買這間，要等到附近改建要等幾十年，哪有那個命去跟他耗。」

所以你以為只要老公寓就是寶？帝寶後巷都是天價？投資客最厲害的本事正是「**專心**」，買屋的範圍大約是一百公尺遠，也就是一個小地區，一次只買同一條街。當你走到忠孝東路一、二段，看到馬路上一整排四樓老公寓與透天，這才是好標的；而即便如此，要操作這批都更，至少也要有十年以上的投資時間，未來才有暴利出現。

像這種老公寓都更，算盤怎麼打？我算給你看：當時投資客買進價**一坪二十萬元**，只要有一間，以後翻建房價起碼上跳**一百二十萬元**，加上容積的倍數計算，獲利可以有十二倍，也就是，你當年每坪放二十萬元，**以後賣掉就是二百四十萬元**！當然，這種好貨早就被黑白兩道有力人士鎖定，通常擁有者頂多兩戶，大約是建坪一百坪以內，所以未來的潛在獲利就是新台幣兩億元。不過這類物件不宜買太多，因爲要放久，不利於投資周轉，對投資客來說，都更物件等於是長線的定存單。

定存是最穩定的資金管道，「好地段的舊房屋」若不住就等同是定存，何況這些房屋還可以租人做做卡拉ＯＫ，萬一房價跌、你要跑路，拿出來賣大家一定搶著要。這些房屋根本就等於現金，只要你提前卡好位置，就有如擁有**十二倍的現金定存單**！

新聞最愛做的題目就是「天價搶購」，五年前逢甲商圈其實只是個普通夜市，六合夜市更是凋零沒幾攤，房價便宜，又很多透天厝，就好比十年前台北的舊公寓有很多是沒人願意住的漏水鬼屋。當投資客買了之後，就是等待，因爲他知道可以等改建，精華區的土地價值就是絕對。等他低調買夠單位、卡好位子之後，開始找記者、找房仲放新聞，怎放呢？還是那個老梗，找個自己人做天價假交易，頂多付點稅，反正**台灣天價成交不犯法**，一戶天價，整條街都是天價了！

天價成交後，連估價也變成天價，手上的房屋又可找銀行貸出天價款，套出來的現金又可以再次周轉炒房。你一定以爲等建商蓋好才賺錢？早就不需要了。

本來，房子是現貨，可是現在已經變成**期貨**，買賣都是空，不需從你的口袋拿出一毛錢就可以賺錢，這些都要拜銀行所賜，拜媒體所賜，以及，拜政府所賜。

寫得我都流口水了，破爛房屋，變成好幾億的資產，我怎沒出生在忠孝東路上、我爸媽當年怎沒去買這樣糟糕的居住環境？那我知道這些資訊之後，現在趕緊去買總可以吧，難道就找不到那些還沒漲價、還沒被投資客買下的中古屋？或是，當我聽到這些投資客想要丟出一間「有投資報酬率三％」的房子，也跟著買來收租、等都市更新？

哈！如果眞接手了，就是阿呆！人家賺飽落袋，你要靠運氣來賺那遙遙無期的都更夢？高級投資客永遠不敗，是因爲擁有**全套的炒房策略，以及提早買進的管道**，等你從房仲那裡聽到物件賣出，已經是投資客賺夠的價格了。期貨的價格，是掌握在賣方手裡，只學了皮毛，就想賺大咖投資客的暴利財？沒那麼容易！

15 阿公阿嬤請你們也保重

投資客收購釘子戶賤招大公開

全民打房．重點提示

很多家裡有老房子、碰到建商上門找老人家談改建的朋友，都會問我關於如何簽約的意見，要小心，建商的都更改建合約多半「喪權辱國」，請務必找熟悉房地產市場的律師幫忙把關，或多問問其他熟悉這領域的親朋好友，最起碼不要犯了誤簽「買賣同意書」、傻呼呼把房子賤賣的錯誤！

你問建商的土地開發人員，或是專收老公寓的投資客，哪種人的房屋最難收購？答案是，老人。尤其是榮民、或是小孩都已經移民的人，這在台北市非常常見，偏偏他們的房子，都位在那寸土寸金的市中心。

我絕對敬老尊賢，沒有上一代，就沒有我們這一代，更別想我們的下一代。

這十年來，有太多的房屋交易，自備款是由上一代幫忙出錢的，要嘛不是掏出退休金，要嘛就是把老房子賣了換新房子。當電子新貴的股票魅力不再，一次領幾百萬元的好康已經不多見，上一代的老屋，成爲現在最有價值的資產。

可是，沒有三兩三，你是買不到這些阿公阿嬤們持有的老屋，因爲他們通常不認爲自己缺錢！老人家在老房子裡住了大半輩子，寧願固守老屋，也不願搬到冷漠的大樓，他們不要住帝寶，沒有跑趴的社交需要，錢，對這些節省一輩子、覺得奢華是罪惡的老人家，沒有太大的吸引力。但是，不整合這些老屋，都更就無法進行，沒有翻新的可能，萬一你強制拆除，這些阿公阿嬤一定會拉白布條坐在門口，跟你拚了、大叫「死給你看」，這又是所謂穿草鞋不怕穿皮鞋的，這些阿公阿嬤發起飆來，連政府都怕。

但是，建商和投資客也不會因爲這樣就不收購，沒辦法，形勢逼人，連去法拍市場都會買到比市價還高的房屋，這年頭已經沒有太多好貨色可以買來投資賺暴利財，阿公阿嬤的黃金屋再難買也得買，建商和投資客不會放過。

方法很簡單：老人家要什麼就給什麼，最容易出招的，就是「美人心計」。

當老屋主阿公一個人在街頭閒晃、在老人會館閒嗑牙，常常會看到貌似媽媽桑的中年婦女，像鯊魚般的迴游在身邊伺機而動。來聊聊以前我在建商當土地開發時親眼見過的場景：我去一家卡拉OK，店就在忠孝東路上，幾個媽媽桑對其中一桌的某位老ㄅㄟㄅㄟ超級獻殷勤，沒多久，一位妖嬌的中年大姐匆匆搭計程車趕來「坐檯」，陪唱了一個多小時的歌之後，兩人相偕離去。事後問媽媽桑，那位阿公到底是何等人物，左擁右抱，其他人都沒有這種等級的「招待」，她含蓄的說：「阿公住附近啦，聽說手上有不少老房子，跟我們店的房東也很熟，算是店裡的常客，每次來消費，都是我們房東買單。」

你知道我們做土地開發的，經常會碰到像這種「阿公配阿姨」的案例，我還看過上述那一對在西門町吃魷魚羹的時候，開心的你餵我、我餵你呢（誰叫那位大姐的半屏山髮型這年頭實在太稀有太好認）。這事肯定還有後續，只是本人無法跟著他們去地政事務所，見證他們過戶房產；也無法將來跟他們去殯儀館，看著阿姨跟老人家的兒女吵架爭產，不過，這種新聞常常上報，你就該明白是怎麼回事了。

釘子戶不拔掉，案子動不了！在老人家身體還硬朗的情況下，常見美人計這種步數，但話說回來，老屋主被收服，不管是用騙的，還是用市價幾倍買下來，總算也讓老人家感受過生心理甚至數鈔票的愉悅感。還有另一種狀況，會讓建商土開、房仲和投資客的雷達眼牢牢鎖定，那就是老人家一旦走了，**遺產過戶之後的處理**。

你也知道，台北市的精華區不見得都是有錢人在住，還是有些「艱苦人」正好就住在位於黃金地段的陳舊老屋裡，上一代辛苦持家養下一代，雖然多年後房價上漲，但老人家就是不願意賣屋，因爲住在老家實在是太有感情了，比如名聞遐邇的民生社區，這麼好的地方卻又很難改建，部分原因就出在這些辛苦一輩子的阿公阿嬤。然而如果你曾經仔細觀察，有些老舊社區中偶爾還是會出現一棟嶄新的電梯大樓，這到底是怎麼回事？

投資客花了十年買下一排舊公寓，每次眼見要達陣改建的時候，就會被這些老屋主卡住，所以，在他用恐嚇的、使出灌水泥封水管之類賤招都無效的情況下，只好用等的，「我總有一天等到你」，等老一輩過世，**等房子過戶給從小窮到大的兒女**。哈，當你窮了一輩子，名下突然多出一間市值上億的房子，誰不會心動？黑心投資客會陪這些年輕一輩的繼承人打麻將，用出老千這招逼得對方賣屋籌錢，要不然就是一天到晚灌輸「有錢，就要及時行樂」的迷湯。話說回來，根據統計，國外樂透得主多半在六年內花光所有的獎金，不難想像，這些第二代得到遺產之後會怎麼做了。

我有一位做土開、非常資深的建商朋友說：「十個屋主，有九個不孝兒子，我專門等著買這些人的房子，再轉手賣掉，不管是市價買或是用九折現金價買下，一定能拉高兩倍賣出，反正對想做都更案子的建商，釘子戶有釘子價，高兩倍都是可以接受的價格。」

所以你一定看過這則新聞：「**北市民生東路公寓，每坪成交價格破一百二十五萬元！**」懂了吧，這種高到外太空的天價，絕對不是正常的成交價，而是那「缺一不可」的釘子價，只是對仲介來說，破天價的新聞怎麼可以浪費呢，一戶是天價，整個民生社區就都是天價，手上的老公寓即便沒有都更利多，也可以順勢拉五成，再來騙那些想賺都更暴利的非專業投資客上鉤。

最後來講一個小故事。我一個朋友的媽媽，獨居住萬華，最近簽了不平等條約，表面看起來像是「**都更同意書**」，其實，她簽的可是「**買賣同意書**」，一坪等於用十五萬元廉賣！朋友焦急的問我有沒有救，還哭訴：「我氣到要跟我媽斷絕母女關係，她居然辯說那個簽約代表好忠厚老實，對她好親切哦，每天帶她逛街、陪她聊天。拜託，房子過戶給他，其實是建商要改建，我媽竟然就這樣傻呼呼簽了耶！天啊，我會不會多一個叔叔？」

以上所言，皆屬事實。

16 Google時代一定要查到底的變身術

你確定沒買到違建或凶宅？

全民打房・重點提示

這年頭的投資客會把腦筋動到一般人根本不敢碰的「違建」和「凶宅」兩大類物件，這類產品成本低，只要巧手包裝或帶租約再出售，價格飆高好幾倍！再強調一次，買屋前一定要多做功課、多打聽里鄰關係，有疑慮的話甚至可以請教管區警察，以免花錢上當氣到吐血！

你知道寫報告查資料要上網「孤狗」（Google），找約會餐廳先看網友食評要「孤狗」，老闆叫你查客戶地址要「孤狗Map」，你更知道買房子事關重大、要先去「智邦不動產」問S大或「Mobile 01」聽聽網民意見。然而，網路的發達不見得能保證資訊百分百透明與正確，這年頭，違建未必都是鐵皮屋的長相、看似華麗的大樓可能有一半樓高是違法加蓋，飯店級裝潢又附租約報酬的小套房，可能前身是不良投資客包裝過的凶宅。匪夷所思嗎？這一篇正是要告訴你在魔術節目裡出現的台詞：「眼睛看到的不一定是眞的」，來，讓我帶你見證奇蹟！

當投資客買無可買，連法拍屋都被炒作到超過市價，買不到物件投資客要如何生存？先來瞧瞧什麼叫「黑心違建投資屋」。

頂樓加蓋的物件房價比較高，畢竟活生生多出一層利用空間，因有老違建緩拆的法規，只要你鄰居關係融洽、不大動作裝潢，一般來說不會有事，這已經是台灣公寓、華廈的常識。而頂樓加蓋成出租套房，這也沒啥大不了，我大學時代就住在這種「雅房」，屋頂是鐵皮，夏天悶得要死，十戶雅房輪流用兩間浴室，房東賺取高額租金，這種「合理違建」，也還算是小兒科的。

但是，當你看到一棟十一層樓高、有電梯的華廈，連外觀都是美麗的二丁掛磚，每一層是隔間有三戶的精美套房，你大概會認爲，這房子是很普通的電梯大樓——

錯！當你在竹科人最愛的金山街，就是錯。

你看到的十一層樓高的大樓，其實，依建照來蓋只能蓋五層樓。一棟透天厝，屋主先把五層樓蓋好、取得使用執照後，馬上加蓋，先把前庭後院封起來加蓋，之後再往上發展，最後竟還可以無中生有的變出電梯一座，當場變成十一層樓高的雄偉大樓，傑克，這眞是太神奇了！

新房子美侖美奐，也難怪科技新貴說：「S大，我住了好幾年也沒事，況且，聽說房東蓋得很好，他說當初有特別加強結構的安全，一層才三戶，平常又安靜，萬一改調中科或是南科，可以隨時終止租約呢，超級單純又方便的說。」

先說說金山街吧，就在竹科大門口正對面，如果你是人人稱羨的竹科工程師，如果你剛畢業又不是唸清大或交大，或是，你家本來就不住在新竹，好不容易考進台積電當工程師，自然是想要找離公司近的地方住。

「金山街很好啊，有整排的美食街，還有公園可以打籃球，走路到公司只要五分鐘，即使加班到很晚，還可以走回家洗個澡，而且，社區提供的網路頻寬夠大夠快，上網看電視下載PPS都很方便，租房子還有附家具，等到存夠錢就可以自己買房。就算你想租，有時還要等學長搬出去才有空房呢！」一位竹科朋友這樣說，他始終搞不清楚這棟套房大樓的問題到底在哪裡。

問題存在已久的金山街，以都市規畫來說，是個低密度的住宅區，頂多蓋到五層樓高，但因爲竹科有十幾萬人在這裡工作，大量外來人口要尋覓安身之所，除了外勞，高級「台勞」才不可能會滿意兩人一間的宿舍，於是離竹科最近的金山街成爲租屋族的最愛。一開始是四層公寓分租三房兩廳，接著把透天厝改建成分層套房，就算這樣還是供不應求，於是就有屋主開始加蓋頂樓。但台灣有太多科技公司需要太多人才，光二〇一〇年初，竹科徵才就是一萬人，而台積電至少需要三千人，因此，既然有需求，殺頭的生意有人做，這種大違建就開始蓬勃發展。

觸目所及，整條金山街約有一萬戶套房，其中有一半是違建，你想，這些加蓋了一倍以上高度的違建大樓，沒有按照高樓的標準設立消防系統，萬一遇到火災，可能沒有合格的逃生梯供住戶逃生，更別說灑水設備、警示設備。

房屋的結構就更別提了，因爲這些違建都是後來才加蓋，**鋼筋是用接的**，你想，投資爲目的的房子，怎可能蓋得多好？**更缺乏建築師或結構技師簽名保證**，很難比初始規劃就蓋十一層樓高來得堅固，畢竟是鋼筋重新植入的方式，不夠牢靠。至於爲何九二一地震後還能屹立不搖，主要是竹科這一帶地質良好，較少斷層經過，地震的影響相較之下不比其他地方大。但難道就沒有人想過，萬一，有個萬一要怎麼辦？

「**違建聚落**」這種奇景持續多年，主要原因正是在於「沒出過事」。竹科人回家後都是睡覺或是上網，所以，少有自己開伙的瓦斯安全問題（這類套房多半沒有裝瓦斯爐，洗澡熱水都來自電熱水器）；沒有小孩蹦蹦跳跳吵翻天的樓板厚度問題；甚至，連停車也不是問題（大家多是走路或是騎腳踏車上班）——是啦，只有機車變多、近期才開始讓人有點頭痛，但也不是什麼大問題，總之，住習慣了大家就隨便將就。

你可能會問，怎麼沒有公家單位去拆呢？這豈不是很荒謬？以前竹科這一帶的房屋，是竹科管理局在管的，這個單位沒有拆除大隊，所以沒拆；後來，竹科管理局不想管了，就把業務轉移回新竹市政府，可惜木已成舟，違建太多，市政府把舊違建列爲分期拆除的項目，但永遠沒有人力跟預算來拆。好啦，如果眞要拆，這些爲台灣創造高額外匯的台灣之光們就沒好地方住喔，又是民怨一堆，這麼多年就拖了下來。

來計算大違建的黑心房價。本來五層樓透天，頂多賣個六百萬元，可以租八間套房外加一樓店面，一個月有六萬的租金，投報率已經很不錯了，加蓋至十一層樓後，套房增加成三十間，再外加一間店面，租金一個月爆漲至十九萬二，所以，他房價馬上起漲，**依照八％投資報酬率回推，這棟大樓起碼可以賣二千八百萬元！當場暴漲四、五倍！**

你以爲，買間房子賺個三％，就已經打敗定存、很厲害了？你去金山街附近的房仲店面看看，物件多是「四十間套房，投資報酬八％」、「二十間套房，總價一千萬馬上成爲包租公」，這眞是台灣房地產史上的奇蹟！全台房地產投報率，就這裡最高！

住的人不清楚、不明白，買下來當包租公的，很可能是外地人，很可能也曾經是台積電的員工，攢到錢後不想當辛苦熬夜的電子新貴，改當黑心的包租公，賺更大，又輕鬆——萬一出事？目前還沒有萬一，所以大家照樣過日子。

違建講完了，再來一個狠招，就是凶宅。

不少仲介信誓旦旦的說：「我們不賣凶宅，那是沒有良心跟違法的事，跟客人說這是凶宅，再低價格都沒人買了。」

但是，投資客怎會放過這個大好機會呢？凶宅通常賣價是市價的一半，人客啊，半價出售的房屋，黑心投資客當然是搶著買下來了，台灣每天那麼多新聞，誰會記得幾年前有誰在家裡噴血上吊？

我有朋友，很可憐，他在八里有一間休閒套房，有無敵河景跟溫泉，交屋沒多久借給弟弟住，後來弟弟想不開上吊自縊，買價四百萬元的新套房，連裝潢都還沒裝潢，就這樣一百八十萬元慘淡賣掉，他只想結束失去親人的悲傷，更別提當初買下來並不是有自住的需求，只是誤信建商的黑心廣告，說保證報酬率的租金收入，才買下想當包租公。

聽說，後來接手的買家，裝潢一下，搞得有如五星級飯店般的奢華，在家泡湯，就可以盡賞淡水河美麗的朝霞，再沒多久用五百萬元，找仲介賣掉脫手。

房仲可以說：「我們眞的沒賣凶宅！」可是，他賣的是投資客改造過的房子啊，裝潢得這麼美，誰知道之前發生過的事？這間套房裝潢花五十萬元，**半年淨賺兩百七十萬元**！據說該投資客到處買凶宅，哪裡有案件就往哪買，然後裝潢一下就交給不知情的房仲賣。

不這樣賣也可以，還有別種做法：中間先租人過個水，先收一陣子租金之後再連租約賣房。當你以爲，你買到的是一間有穩定投資報酬率（當現成包租公）的房子，其實同時也當了凶宅主人的白手套，被過了一手。之後，哪天你不想當包租公把房屋賣掉，那麼，這間房屋不就更清白了！房仲會說：「這房子，以前租人，後來房東不想租人就打算賣掉。」誰會知道前前任曾經發生過什麼事？

我只能說，如果你找的是比較有信譽、比較愛面子的房仲，你買到凶宅的機會自然小一點，否則以台灣的政策，除非是嚴重到曾經上過社會新聞的（還要上的版面夠大）事件，可能還好查一些，要不然只能去警察局問問，遇到好心的警察ㄅㄟㄅㄟ或許會跟你講清楚，這間房屋過去有沒有發生狀況。

當然，**隔壁鄰居**或是**社區大樓管理員**，也可能多少知道一些，別忘了，房子對面的**雜貨店**、這個里的**老里長**，同樣是你投石問路的好對象。

17 媽媽桑的思考帽

你聽都沒聽過的另類投資客

全民打房．重點提示

出入複雜的住商套房、高架橋旁邊的老公寓，這都是一般購屋者或投資客避之唯恐不及的產品，沒想到部分酒店媽媽桑可以化商品的缺點為優點，一邊賺錢一邊養屋。換句話說，你要挑套房物件，萬萬小心、多打聽背景，否則很可能就變成特種行業的鄰居啦！

最後一堂課了，就來聊聊八卦輕鬆一下，先聲明，我要說的是「我朋友的故事」。

我朋友除了愛喇舌也愛嚼舌，每次他去花錢喇舌的時候，就會順便跟喇舌的對象談談心，不知不覺就三句話不離本行，「這間套房好美啊，有進口壁紙跟華麗浴室耶，還可以居高臨下欣賞美麗的台北街景呢！什麼，妳說這間大套房是妳買的？在林森北路這樣的地段，起碼九百萬元起，那個自備款算一下也要二百七十萬元，二十出頭才出道一年的小妹妹，妳怎麼買得起呢？」

小妹妹撒嬌說：「沒有啦，我哪來那麼多錢？房子是我的名字，可是錢是媽媽桑出的，媽媽桑說，我可以用工作來換，也就是，房貸我們繳，哪天媽媽桑要賣的時候，就當作股份算給我們，有賺錢大家分囉！」這間套房有高級私宅的FU，又沒有警察臨檢的問題，朋友花起錢來非常舒暢，就當作在市區渡個小假般的愜意，怪不得三不五時就要上門。

眞是厲害的媽媽桑，買了房屋還可以順便經營生意，原來是投資客來著。

方法是這樣的：一般人花錢買了一樣的套房物件，如果裝潢好租給別人賺租金，一個月不過就只賺個一萬八千元，生產力跟投資報酬都不高；媽媽桑拿來當作自家的生財工具，找個美眉給她住，順便當人頭登記，又叫她出房貸來共同合作，媽媽桑可以一邊賺「人力仲介」費用，一邊美眉拿賺到的錢幫她養房屋，一點負擔都沒有，萬一以後財政部要查一年六戶的買賣房屋營業稅，怎樣也查不到。而這些美眉因爲有了房屋的保障，更不會動不動就轉檯跑去別家，一舉好幾得啊！

就這樣，媽媽桑從**林森北路**，買到台北火車站前面的**大亞大樓**，接著是**西門町**，然後是有都更未來性的**市民大道**。

買林森北路跟大亞大樓一點也不意外，這兩處本就是套房式的大樓，套房出入份子比較複雜，可是聰明的媽媽桑會盡量選擇**有保全的大樓**，最好是有門禁管制的，比較安全些，比起一般亂糟糟的套房，更容易規避警察的查緝。

舉個例子，西門町，天王投資客雄哥以前在此經手過一棟「亞曼尼」大樓，一口氣買下三層樓的不良資產，也就是原業主把大樓抵押給銀行後來倒閉，雄哥用標的，每坪不到二十萬元入手！接著，豪氣砸下一億來大裝修，設門禁、搞裝潢，這三層樓你去了就知道，美侖美奐的飯店式設計，又高級又華麗，一層樓幾十間套房，吸引好多風化業的媽媽桑搶購。她們買多少？一坪三十五萬元。雄哥大賺一筆不說，這些媽媽桑買下來也是想要賺一些房地產錢，以免一天到晚坐吃山空。四年後，這棟大樓行情已經一坪漲十萬元，這些媽媽桑根本已經數錢數到手軟了。

那市民大道又是怎麼回事？從一段走到一百段，好像能隔成套房的大樓也不多啊，好多都是四樓破公寓。你別小看這些破公寓，這可是比黃金地段還要黃金的鑽石屋咧！本來，市民高架道路一蓋好，整天吵、空氣髒、一天到晚漏水，賣相並不好，可是，都市更新的利多一來，不少人瘋狂的去買這些地點很爛的公寓，等哪一天建商要來合建，大賺一票。

結果，因爲地段太差，戶數實在太多，要整合眞的要花上很多時間，盼不到建商有啥積極的動作，要不然就是只簽了都市更新的同意書，也沒看建商眞的蓋下去，怎麼辦呢？房屋空著也是空著，租人也沒有好價格，媽媽桑就這樣，把整層的老公寓隔成三間大套房，經營特種行業去了。同樣的，如果有小姐願意合作，就讓她繳貸款，以後遇到都更改建的話大家一起賺。

這種套房反正不要採光，不需景觀，不能開窗免得被偷拍，只要用好的氣密窗，加上美麗的裝潢與窗簾，空調一開，就成了高級飯店。一天縱使只做一個客人，媽媽桑抽兩千，一個月也有六萬，比租給自住客行情兩萬，起碼多了三倍以上！

地段好交通便利的物件，一般投資客不買的房子，都是媽媽桑的最愛，只要地段好，環境差不要緊，沒有停車位？現在尋芳客都坐計程車和捷運，何況像這種市民大道的房子，大道底下還有停車場，多方便啊！這種厲害的媽媽桑投資客，我保證你聽都沒聽過。

Part II

從選點到殺價，中古屋、新成屋、透天厝怎麼挑屋、看屋？
對付投資客、和房仲過招，Sway 在本篇將傾囊相授。

Sway教你買屋談判術

買房子，其實是一門心理學。

容易心動並下手的是預售屋跟新成屋，因為建商會砸下大量廣告預算，將一片不毛之地的優點，放大成一本本精裝說明書，訓練一批批跑單小姐，用最精闢的話術向你說明，讓你信以為真的花大錢購買，交屋後，再讓你喜孜孜的住進這個神話裡。

預售屋是矇著眼睛買的，新成屋是催眠自己買，可是**台灣一年成交幾十萬戶，有七成都是中古屋**。因此，當你的預算只能看中古屋，要買一間馬上能搬進去住的房屋，就必須面對現實，開始學習真正的購屋術。別偷懶了，**買新房子比較容易，有錢就辦得到，但買中古屋絕對、必須做功課**，否則，你很難不踏進投資客的陷阱、買到問題屋，到時候又要另外再花一大筆錢裝修。

身邊有太多朋友，買了中古屋之後，生活突然困頓，手頭變得很緊，原因很簡單：如果要住得舒服稱心，只好花一堆錢修這個改那個，原本購屋預算已經抓到頂了，事後還得花這筆不斷追加的錢。

再度提醒你，小心投資客的房屋，如果你有看完前面十七招密技，自然知道要特別小心那種裝潢看似完整、一卡皮箱就可以搬進去住的夢幻屋。

不管是老公寓、電梯大樓、透天厝，「真相只有一個」，接著，讓我從頭開始教你中古屋的買屋技巧。

1 海鮮店理論

對付房仲第一次就上手

所有購屋行爲的第一件事，就是選地點，但與新成屋、預售屋不同的是，中古屋理論上**和房子有關的一切都看得到**，從屋內狀況到社區公設，一切攤在陽光下；如果你沒看到，就是自己的技術問題，怨不得別人。等等，你說房仲賺你的錢，理當要幫你把關找到好房屋？拜託，房子要成交房仲才有佣金可以賺，你以爲他會摸著良心告訴你這間有問題那戶不要買？房仲只會使出渾身解數讓你成交，手段或許和建商的跑單小姐不同，但想達成的目的都一樣。

這年頭，多數的房仲業務員來自外地，幾大龍頭品牌更是愛用外地人及剛退伍的年輕人，說穿了，他們是「服務生」。試想，你去海鮮餐廳吃飯，如果只跟餐廳的服務生說：「我要吃飽又吃好，麻煩你幫我介紹幾樣菜，要魚要蝦，其他你幫我配。」那麼，你一定會吃到不新鮮的魚、沒彈性的蝦、昨天賣剩的青菜。愛吃海鮮的人都知道，點菜要自己站在水槽前，看今天有啥新鮮的魚貨，看老闆抓起一大瓢活跳跳的蝦子，撈出你指定的那條魚，確認那鮮度可以做生魚片跟三吃，眼見爲憑，自己挑的比較準。

買中古屋也一樣，必須親力親爲，先從環境選擇下手，再上網一間一間看物件，而不是第一步就走到房仲店，對那些學校剛畢業沒多久的年輕人說：「我要買一千萬元的三房物件，麻煩你介紹。」如果你眞這樣做，大概這家店裡一千萬三房的所有爛屋，都會推給你看，因爲你不挑嘛，很好騙，是清庫存的好對象。問題是，他們推那種賣很久都賣不掉的房屋給你，浪費看屋時間就算了，眞買下去才是災難的開始。

你可能會問，每次一進入房仲店、上了房仲的網站，滿滿的房子，到底要怎麼開始挑？首先，你該屏除雜念，只從地點開始選起，哪怕房仲經紀人突然提供一個不在你原購屋地點的案源：「那裡有一間不錯的物件，剛丟出來哦，屋主便宜自售。」你如果心動就上當啦！

看房子有個基本觀念：**請化被動為主動**！要知道，被房仲突然丟出來的房子，屬於投資客的機會很大，就像那不夠新鮮的蝦子，海鮮店老闆一定想早點推上桌賣掉，否則留到隔天臭掉豈不是少賺一筆？

先上網：一．五倍預算搜尋法

各大房仲很早前就開始就花大錢架網站，不管是用電腦、手機，甚至最夯的ipad都能查，這年頭你要找房屋資訊，變得非常容易。

這麼簡單還要教？要的。

在房仲網站，你可以隨意瀏覽，也可以有系統的搜尋，差別在於很多人在好幾家網站都瀏覽一圈後，還是怨嘆找不到合意的房屋。

請利用設定預算的方式，比較有效率。當你算出你可以買一千萬元的房屋時，**請以一點五倍的價格來當你搜尋的區間**；換句話說，如果你只能買六百萬元的房子，就用九百萬元當作搜尋區間。爲何呢？房仲網站多以房屋開價來排序，有些含車位，有些只列房價，利用一點五倍的方式來搜尋，比較不會漏掉可能適合你的物件。

輸入你要的地點跟房價後，就可以一一點入，看看照片合不合意，看看格局圖是不是你需要的，然後**至少搜集三間**後，就可以去房仲店拜訪了。如果看了××房屋，都沒有合你的意，就換〇〇房屋，直到找到爲止。

爲何要先上網找物件，再去找房仲？直接找房仲幫你不是比較快？這是心理學的遊戲。當房仲經紀人知道，你已經上網找過一些物件，而且還跟他說：「你家有兩間房屋我想看看，另外，我喜歡的某社區，××房屋也有一間，不知道你們〇〇房屋有沒有？」經紀人起碼會對你這位有做功課的傢伙有點尊敬，知道不能亂騙。

記下同一物件的各家房仲編號

前面已經說過，有些A級物件，都是和房仲簽一般約，也就是，很多家房仲都可以賣，所以，物件編號要記下來，**如果同一個物件在好幾家房仲都有，都要記下，去找××房仲時，給他○○房仲的編號**，心理上先來個下馬威：我不是非跟你們家買屋不可，亂搞，我就找別人。

這一招的好處，就是雙方都省時，你不用聽房仲在「屁」，免得你一時昏頭被甜言蜜語拐了。另外，有時仲介自己手上有些還沒「上繳」的物件，沒有開放在網路上的，如果價格吻合你的能力區間，也會直接秀出來給你看。

最重要的，你一定要這麼說和這樣做：「我剛去××房仲看屋，沒看到喜歡的，**那幾間的開價都超過市場行情**。」別客氣，一定要貨比三家，而且要讓仲介知道，一來有競爭壓力，可能會幫你談到好價格；二來，多了另外兩家的資訊，想看的房子就比較不會漏掉。

經紀人的磁場和你合不合？出題考他就知道！

當你進入房仲店頭時，如果你不滿意負責接待的經紀人，是可以隨時換人的。

我們家弟弟的看屋經驗跟一般素人類似，只是更妙的是，他換經紀人的速度比換衣服還快。當他去了某房仲店看完屋，隔天再去同一家店時，瞥一瞥店裡沒看見之前的經紀人，就說：「我第一次來，麻煩帶我看房子。」半年內一共看了各大品牌十幾家不同房仲店，起碼有三十名經紀人帶他看過房屋。他第一次差點簽約時，帶我去談判，被我當場罵退說謊的主任級業務；第二次簽約終於買房成功，到頭來負責的房仲卻是他半年前第一次看屋的第一個經紀人，那位先生後來鍥而不捨勤打電話邀請看屋，總算有了結果。

我要說的是，找仲介經紀人可以很隨機，但找對人可以省力又省事，透過一些基本條件的觀察，你就知道哪一類型的經紀人比較合己意、讓你甘願花上大把時間和他一起挑房子。在下我挑仲介經紀人第一眼看的不是年紀，而是「襯衫」。本來挑經紀人首選「誠實」，你的交易才有保障，但是，「誠實」這個條件實在是太虛無飄渺，我無法像算命的這麼「識相」，一眼就知道這個人品行是否優良，我只能從外表來判斷，第一步就是觀察襯衫有沒有燙過。

房仲是服務業，基本功就是服裝的整齊度、整體儀容的清爽感，如果連這基本中的基本都不在乎，那麼關於房屋的產權、交易安全、房價談判技巧等等各個環節，我不覺得能讓人放心。另外，我打過交道或認識的、各大房仲前十名超級厲害經紀人，都會穿燙得畢挺的襯衫，尤其是那種每年業績都獨佔鰲頭的超級業務，更是如此。

有嚴重體臭味的經紀人，或是不帶條手帕擦汗的，我一定不要。不隨時檢視自己的狀態，代表他不太在意自己對客戶造成的印象，此人多半思考主觀，容易犯一些自以爲是的錯誤。你想他連自己的問題都視若無睹，更遑論顧客的問題或是需求了！

不過以上都還只是主觀性的挑選原則，如果在交易過程中遇到致命性的問題：仲介「說謊」，我一定馬上換人！想知道仲介誠不誠懇，問一些關鍵性卻很基本的細節就知道，所以我會準備好幾個口袋問題，三不五時考一考這些經紀人，看他們是要「說謊」還是要「圓謊」，我寧可聽到是「不知道」。

題庫一：「這是陽台外推耶，好像買了有賺到室內空間，可是，會不會被拆？」

正解：陽台外推就是違建，即報，拆除大隊會排隊拆。如果有經紀人一口咬定絕對不會拆，那就開除吧！

題庫二：「門口可以放鞋櫃嗎？我看別人好像都沒放，可是，這一戶是轉角，放了似乎也影響不大。」

正解：很簡單，以社區規約爲準。很多房仲會迎合客人，「對啊對啊，買到賺到」，碰到我還是一樣下場，開除。

其他還有社區停車管理的問題等等，都是可以聽聽仲介如何回答的細節。爲何要對經紀人如此「吹毛求疵」？很簡單，找對人，你的購屋過程才能事半功倍、降低買到問題屋的風險，若是你太多禮不敢多問，只會讓仲介拚命掩飾問題、敷衍了事。記得，你要買房子，所以你是老大，別客氣，歡迎光臨，盡量挑剔、盡量出考題。

2 選地段，看「娘家」

別讓仲介幫你挑地點

你要住哪？看起來似乎很簡單，仔細想想卻很難，這叫大哉問。本來想選住習慣的地方就好，但一考慮學區、交通、「錢景」未來性，想越多越難抉擇；還有，人家美國的房產大亨川普一直喊：「Location、Location、Location（地段、地段、地段）！」所以是不是要看房產情報挑黃金地點比較正確啊？等一等，讓我先潑個冷水，提醒你，先回歸生活圈的思維。

擇屋重點一：離娘家近貼心，到婆家近方便

剛結婚的夫妻，多半要選擇離婆家或娘家近的地方，如此一來彼此照應方便些，更何況有時候老人家會幫忙出些自備款，當然得住近一點以示孝順和誠意。所以，如果有這一層顧慮，就不需要想太多，本來娘家或婆家住台北中和的，就別因爲林口好像比較便宜又有捷運而分心。

當然，你也可以住在新店，然後每天花兩個小時接送小孩、照顧父母，只是過了一年你一定體會到「一寸光陰一寸金」的硬道理。所以囉，新婚首購的購屋者，不用三心二意一直翻地產雜誌，首先考慮選在娘家或婆家旁開始找起。

如果你來自外地或沒有這層顧慮，請繼續往下看。

擇屋重點二：衡量工作地點與交通

除了父母因素外，最該留意的就是工作地點。多數人的工作，一待就是一、二十年，相同行業也多集中在同個區域，例如南京東路商圈的金融街、新竹有竹

科、台中有中科、高雄工作多在市中心。

我不建議爲了買大坪數，用通勤時間來換取空間，來回兩個小時的交通非常累人，而且市中心一定比市郊保值。如果預算不足無法住市中心，請依你的交通工具抉擇。市郊的捷運站周邊，是預算略低的另一選項，但你的工作地點也必須鄰近捷運站，這樣住市郊的捷運周邊才有價值，否則，就是浪費。比如，你在內湖科學園區工作，附近根本沒有捷運，你就該以開車或是騎車動線爲挑選方向。

我有朋友在台北市信義路四段上班，在捷運還沒開通時，他就住木柵，因爲他在政大唸書，對這一帶非常熟悉，上班搭公車也很方便，像這種購屋者，我還是會建議他買木柵就好。

房子是拿來住的，不是讓你困擾的。**買中古屋，就是為了交屋後你馬上可以入住，對於「錢景」別想太多**，比如，你巴望著五年後淡水支線「可能」會通車，所以你提前買在淡海新市鎮，但在捷運通車前，你必須忍耐交通問題。等到捷運眞的通車，你的房子屋齡更老了，房價可能也沒賺到，卻花了多年光陰忍耐塞車和睡不飽，相較於這個地方，你會有其他更方便的選擇。

火車，也是一種便利的交通工具，別以爲只有捷運是方便的。

如果你的工作，在台北火車站附近，或是，從台北火車站有便利的公車可以快速到達，就可以選擇火車站沿線的房屋。這時的選擇範圍就大了，南到桃園市中心，北到基隆或是汐止的幾個車站，都是你可以選擇的地點。在台中與高雄，多數人都是開車或騎車，所以，你只要選擇車程可以忍受的範圍，比如二十分鐘的騎車時間，以你工作地點爲圓心，畫個圓圈，圈內就是你可以選擇的地點。

拜捷運等多元化的交通工具之賜，通勤的交通轉運銜接即成爲考量的新問題，如果你必須要搭公車轉火車到台北，之後先換捷運再換公車，一路東轉西換才能到達你的工作地點，這就是不切實際的交通方式。例如林口某地區，你當然可以公車接機場捷運線，到台北某站，再換公車，但別忘了，請務必先計算全程的通車時間，才不會被「捷運」兩字矇蔽，並對房價產生誤判。

擇屋重點三：新環境別亂選

別貿然選擇跟你不熟的新環境，或是，這個新環境的「利多」，你不熟悉。最有代表性的例子，莫過於「桃園藝文中心」，幾年前這裡是一片空地，藝文中心的計畫一公告，就有一堆建商不斷在附近蓋新房子。但是這一帶不過就是多一座「表演廳」、「演講廳」，你每天聽演講？看表演？這裡房子雖然整齊，但離高速公路還有一大段距離，生活機能不會比桃園其他地方優，但冠上「藝文中心」的假想利多，建商就可以把房價灌至超高價格。

我不是要談建商的炒作手法，我要提醒你的是，當你選擇這一帶的房屋，考慮條件請把「藝文中心」這點撤除，因爲它對房價實際上幫助有限，只在於比較動聽和社區環境比較整齊罷了。

台北市南港也是，這個正在高度炒作的地方，多數建商或是房仲一定會告訴你，有「經貿園區」、「第二世貿展覽館」的利多喔，不過，買屋後立即要自住的人，請先把這兩個考慮原因拿掉。有大型展覽，反而會讓交通癱瘓，而且附近目前荒蕪一片，日常生活機能低，光是吃飯就已經是一個大問題了！除非你是相關行業的從業人員，否則請先將南港想像成「有捷運的重劃區」即可。

3 中古大樓

從外到內，八大技巧

不少讀者或網友已經知道本人大力宣導的「S流看屋實戰守則」：例如社區對面馬路觀察法、廁所噴香水測通風、細看客廳和梯間的「眉角」等等；但本書要強調的是中古屋的看屋訣竅，畢竟中古屋無法像預售屋可以藉由監工來確保施工品質，縱使房子曾經漏水、有嚴重的壁癌，前一手屋主恐怕也已經做過「小針美容」，你要從何看起？

一、外觀：看施工、保養及潮濕嚴重程度

和新成屋一樣的道理，看中古屋第一步必從外觀開始。很多人一到看屋現場，往往只瞄一眼建築本身美不美就急著往內走，但我要提醒你，在踏入大門之前，請先抬頭看看外牆。房屋蓋好後，最不會變動的就是外觀，磁磚是否貼得歪七扭八或是斑駁掉落沒人管？還是外牆明顯有滲水潮濕的痕跡？見微知著，中古屋的品質可以從外牆看出端倪。如果你在一樓無法看清較高樓層的外牆，進入屋內後別忘了打開窗戶，頭探出去看看外牆磚的狀況。

請留意磁磚是否平整的貼在牆上，以及顏色是否統一。因爲磁磚是一批批燒出來的，每批顏色都會有一點色差，如果後來有換過，顏色就會不一樣。若地震來時，磁磚掉得太嚴重，整修時補貼的瓷磚就會有色差，因此你得注意，那種色差面積過大的外牆，也許代表這棟大樓太舊，或是當初施工不佳，可以在心裡先扣點分。

第二，委請清潔公司清洗外牆不便宜，一次二十萬起跳很常見，好的社區大樓三、五年會做一次外觀清洗，把卡在磁磚的陳年污垢洗掉；一般大樓可能十年

以上才會洗一次；至於那些永遠不願意花錢清理的，想當然管理不會太好（或根本沒有管理）。建築外觀往往可以反映出不同社區的特性差異，當然，也可以從這點隱約嗅出**大樓住戶是互不往來，還是自有其秩序，公共管理的素質如何**？

另外，居住環境的**空氣與濕度**，更可以從外牆看出，靠近海邊空氣既濕又鹹的地方，例如淡水，中古大樓的外牆就容易黑黑髒髒，不銹鋼欄杆或是外觀也容易生銹，當你看到附近其他棟中古大樓多半也有同樣問題，不管熟不熟該區，都可以想像得到你日後大概要花錢買好幾台除濕機、而且一開開整天。

二、大廳：觀察管理安全與進出鄰居

房仲經紀人通常都會跟你約在社區門口或附近地標，從進社區大門開始，多半已經口沫橫飛的和你閒聊來分散注意力，一邊說：「唉呀，你的皮膚好好哦、你好年輕唷！」一邊快速引導你入內看屋。這時，請告訴房仲：「等一等！麻煩您閉個嘴！」接著，用我曾經教你的方法，快速的把社區大廳和一樓公設掃瞄一遍，就能對此社區的管理水平心中先有個底。

一個好社區是需要管理的，別忘了這攸關你未來的房價和居住水準。看新屋要看櫃檯清潔度、保全人員是否服裝整潔，看中古屋則要再加上一點：**管理安全度**，留意外人是否可以輕易進入社區？尤其是當你看到房仲們登堂入室，帶看如入無人之地，這代表房仲早就打通管理員囉，這麼容易被收買，代表社區的管理螺絲鬆了，安全性堪慮。

如果，你剛好在櫃檯前登記看屋，請利用機會順便「偷瞄」**登記簿**，每天有沒有一堆閒雜人等進進出出，可以了解該社區的外來狀況。比如，有一堆房仲登記，就表示有不少戶正在賣屋。或者，如果登記簿上出現不少公司的名字，代表張三李四不少，很可能有住戶在此設辦公室或工作室，進出份子自是較爲複雜。

在公設區域最適合觀察來往的住戶，你不見得能確認這社區是否有「大哥」住在裡面，但我會觀察出沒機會最高的、那些帶小孩的媽媽，看媽媽們有沒有很放心的讓小孩自由奔跑，或是有沒有做出一些缺乏公德心的舉動，這些都可以提供參考，讓你評估未來芳鄰的素質。

如果你看的是七樓華廈類型的中古大樓，沒有櫃檯人員管理，沒有大廳和其他公共設施，那麼請看**信箱間**以及**地板**。信箱間要看地上有沒有人亂丟廣告紙，還有地板清潔度呢，若能保持乾淨灰塵少，則表示有人定期清掃。

三、垃圾間：注意「小強」和住戶素質

很少人看房子會留心垃圾集中室，可是，如果該大樓有設，我一定會看。**從丟垃圾的方法，就能初步判斷社區住戶的水準高下**。這年頭，多數的社區已經有完整的垃圾分類制度，你如果發現垃圾集中處有多個桶子提供住戶擺放資源垃圾，還附有堆放廚餘的桶子，周遭清爽不噁心，一般家庭垃圾多有打包乾淨、依規定用專用垃圾袋，沒有湯湯水水導致地上一片狼藉惡臭，那麼，這八成是個住戶公德心都不錯的好社區。

如果垃圾集中處有個洗手槽就更加分了，很簡單，當能順便洗個手，住戶們會乖乖整理廚餘的意願多半較高，事前事後能順便清潔，較不至於亂丟廚餘袋。

在此透漏一個有些噁心的殺手鐧：請隨意踢一下大垃圾桶看看，馬上就能發現會不會有蟑螂大軍亂竄。請注意，別以爲「有垃圾就有蟑螂」是天經地義之事，大樓垃圾間絕對不能變成蟑螂生產中心，否則整棟大樓將會「蟑滿爲患」。

當地下室或垃圾集中處變成蟑螂的溫床，其原因不外乎是鄰居不配合垃圾分類，或是清潔人員收垃圾時隨隨便便、常會外漏。特別是當你看的物件是**集合住宅大樓**，我更是強烈建議一定要花三分鐘看垃圾集中處，無論你看的是豪宅，還是國宅。

另外，也請留意垃圾間的**通風問題**，最優的狀況，當然是設於通風良好處，或是垃圾間有裝設低溫控制設備，並且附壓力門；如果位於大樓的角落，就必須考慮到整個地下室的衛生安全，否則，在附近的停車位，將日日夜夜享受到豐富味道的「禮遇」。

四、裝潢：留意將來不想拆的地方

裝潢，是我認爲中古屋最不用刻意放大注意的地方，卻也是最難分辨之處。完整的裝潢對於中古屋的出售，有絕對性的加分作用，不管是自住客或是投資客，在賣屋的時候，一定會把屋況整理乾淨；講究一點的，還會擺些道具來增加說服力，這些在前面談黑心投資客的招數時都有教，請按書索驥一一識別。

Sway的撇步：看屋挑時辰，謹記3與8！

看屋也講時辰？沒錯，下午3點，是看房屋最佳時段，尤其是夏天。3點鐘正是熱得半死的時刻，當你踏入某社區或某房屋，有沒有涼風、有沒有對流、有沒有異味，都可以在這個時間點輕易發現、無所遁形；更重要的是，如果有午後雷陣雨，也常是此時候雨勢最大，水會不會馬上潑進屋內，一清二楚。

如果西曬問題嚴重的房屋，下午3點，室內就開始悶了，到4點會熱到最高點，利用3～4點這段時間看屋，怕熱的你立即就知曉到底受不受得了西曬的威力。

晚上8點是我推薦另一個優選看屋時段，這時是聽噪音及樓上鄰居素質的最好時機。一般白天看屋，你最難發現的就是樓上的噪音，像關門、掉個錢幣、拖個椅子，或是小朋友溜滑輪的恐怖巨大聲響，都要在晚上才會發生。這時看屋，記得，坐在屋內，先把窗戶全部關上，靜靜一分鐘，聽聽樓上以及隔壁的聲音；接著，把窗戶全打開，再靜默一分鐘，聆聽街上的車聲。這兩個舉動，請在客廳及臥室都要做一遍。

這個連續劇時段，也許還可以偷偷聽到鄰居正在看哪種節目、有沒有看政論節目罵成一團？政治狂熱者正好可以觀望一下。

此外，記得樓上、樓下的梯廳都要去走一走，檢查有沒有鞋櫃放外面、垃圾有沒有亂丟，確保樓上、樓下的居住品質是否跟你一致。鞋櫃沒有亂擺，是社區的管理品質指標；如果社區統一可以外擺鞋櫃，晚上八點看屋時，住戶已多半回到家，還可以從鄰居鞋子品牌和擺放的清潔度，猜到生活水準一、二。

除非你想買的就是裝潢屋，否則前一手的裝潢，必定有些不合意之處，比如牆壁的顏色、櫃子的外觀等等。所以，當我看中古屋的時候，有時屋主或房仲會在你身旁，叨叨唸說：「這沙發是義大利原裝、壁紙『一才』要上千元、馬桶是日本品牌……」我都會在當場告訴他，**這些我都不要，不好看又不合用**。是的，很直接、甚至有點傷人，但很有效！**仲介原本用來加價的武器，當場就英雄無用武之地**。

話說回來，除非你將來眞的發狠打算全部拆光重新設計，若或多或少打算維持前屋主的硬體裝潢，該注意哪些地方呢？第一，**請留意不用拆的地方**。哪些地方不用拆？首先看**隔間牆**。看屋時，要敲一敲所有的牆壁與隔間，如果格局合你用又是磚牆，重新上色即可；敲起來會「空空」作響的木作或是輕隔間，就看你的使用習慣，一些不用太在意隔音效果的房間，還可以將就著用，例如書房。此外，**切記在牆壁上找出掛畫或是有任何釘子釘過的地方**，檢查有沒有嚴重的龜裂或破損痕跡，角落有沒有受潮導致木板腐蝕，情況不嚴重的話補土再粉刷即可，嚴重時仍以更換爲宜。

天花板的樣式如果合你的意，也可以不用拆，重新漆上一層你喜歡的顏色即可——前提是你不是遇到黑心投資客的黑心裝潢屋，如何識別？一樣，請翻閱第一篇。

木作衣櫃如果使用超過兩年就該留意，角落是否有出現黑色一點一點的顆粒狀不明物體，這正是蟑螂拉過屎的證明。（不瞞各位讀者，小弟因爲痛恨這類會引發過敏的生物，本人的嗅覺可以聞得出來某地方有沒有小強出沒。）如果櫃子出現了蟑螂活動的痕跡，你除了思考怎麼克蟑，更要檢驗門片或角落有沒有破洞，視程度判斷該全換還是只換門片即可。

同理，舊家具往往難以避免蟑螂的問題，對我而言，凡是前屋主的舊家具，一律不要，因爲這些生物，可能藏在沙發與床組的木頭縫隙內。舉個有點離譜的例子，我的舊家曾經窩藏一隻小野貓，躲在舊沙發破洞裡長達兩周呢！白天從壞掉的鋁窗進出，晚上就睡在沙發溫暖洞裡，半夜哇哇叫，把我家老媽嚇個半死。

五、素顏處：廁所和大樓管道間

在《黑心建商的告白》裡，我曾建議過大家，要看廁所天花板的素顏，新成屋要看，中古屋更要看，如果曾經有漏水的問題，在這角落會一清二楚的呈現，因爲漏水都是從管道間開始的。如果潮濕，甚至有水痕，就要考慮防水、抓漏的問題，以及增加裝潢修繕的預算。

中古屋，還要看**天花板與樓板之間的木作支架**，就是支撐住天花板的力量之所在。在廁所，要看這根支架有沒有因爲長期濕氣而出現發霉狀況，進而分辨這房屋的廁所是不是過於潮濕。如果是，你首先要在預算表裡，再加上一筆天花板重做的費用，以及購買除濕機，或重新裝修改善通風問題。

大樓管道間，則是聞出味道的好地方。尤其是通往化糞池的管道間，如果當初建商施工不當，或是後來因爲時間久了、經歷過幾次地震產生縫隙，當你打開管道間的門，味道想必豐富異常，相同的味道飄至你家，只怕是時間早晚的問題而已！

六、摸紗窗：有沒有鴿毛、油不油膩？

看標題也知道，我請你們手「賤」一點，要摸一摸紗窗，看完屋再把手洗乾淨就好（洗手時，順便確認一下水壓夠不夠大，眞是一摸多用途啊）。這是一個小技巧，當然未必每次都管用，如果屋主愛乾淨每周洗紗窗，你就什麼也感受不到了，但就我的觀察，十間房屋有九間的主人不會特別愛洗紗窗，窗戶可能會擦，但紗窗反正髒了也不明顯，多半是過年大掃除再一次處理。

倒不是本人有潔癖、特愛做這麼龜毛的檢查，只是如果紗窗一摸特別黑，你待會走出大門就要留心，是否這一帶工地多，或是空氣品質不良？如果手上又帶一點油膩的感覺，就更要特別注意，比如我聽朋友抱怨過，他家在桃園南崁煉油廠附近，紗窗除了黑，還特別油呢！

另外，附近有沒有**鴿舍**？雖然看屋的時候不見得正好能看到滿天鴿群飛舞，但只要發現紗窗上有附著的鴿毛便可略知一二，家中如果有容易過敏的小朋友，小心爲上。紗窗上堆積的物質，某種程度上會相當於你長住後每日吸進肺的東西。

七、鐵窗：眞能防小偷還是給小偷方便？

新大樓或是等級好一些的社區，多半不會有鐵窗的問題，有鐵窗不一定代表你家就安全，反倒對歹徒透露出訊息：我們這一區曾經被偷過，歡迎你來試試！沒鐵窗不一定就不安全，只要建築規畫時，有考量到居住安全性，並加上良好的進出管制，沒鐵窗也能保障居家安全。

台灣的中古屋大多有鐵窗，陳設與造型影響房價甚鉅，若整棟大樓的鐵窗外觀一致、乾淨俐落，大家統一外推，建築外觀不會因此被破壞，對房價有保值的效果。

最糟糕的情況，就是每家各自一個樣，有的外推有的內凹，顏色也各有千秋，這樣的外觀，一看就知道「毫無管理」，管委會管不了或沒人管，住戶素質不一，如果你要買，要留意兩件事：一是萬一失火，**可以從室內逃到室外的安全路線**；另一個是樓上樓下的鐵窗，**有無可能成為小偷攀爬的動線**。

你家如果有鐵窗，你會在鐵窗開個小門，並且加上鎖頭鎖住？這是最危險的負面示範，萬一火災，連開鎖的時間都沒有。好的鐵窗設計會把卡榫裝在內側可以打開，但外面伸手進來無法可及。

至於小偷動線就是：**有鐵窗就好爬**。小偷可以從一樓找箱子、沿管道爬到二樓，然後，哪一戶有開窗就偷哪一戶，二樓全鎖住了，就沿著鐵窗爬到三樓。頂樓也是，沿著水管或鐵窗，哪一樓好進入就走哪一樓。

「唉呀，小偷破壞門鎖就好啦，不會那麼危險爬外牆的。」錯了，你家外面有鷹架，他就爬鷹架，沒有的話，他會自己找路造路，一樓、頂樓、隔壁大樓，通通有可能是小偷行進路線。二〇一〇年十二月發生一則新聞，有吸毒者為了躲避警察追捕，跑進民宅防火巷，一路從一樓爬到四樓，靠的正是鐵窗和雨棚。

還有人搭鐵窗，不是用來防小偷而是要來放花盆的，這種最好偷了，連鎖都沒有，也很好用來踏腳攀爬到其他樓層。不妨去檢查一下你家裡的陽台和鐵窗，有沒有為了貪圖那一點空間而造成安全漏洞？

八、最後一問：管理費用與管理基金

社區型集合住宅多有管委會的制度，但現在黑心管委會也不少，建商不合作撥公共管理基金，或是整個社區基金被無良主委捲款逃跑，時有所聞，看房子的時候可以探詢基金的管理概況，沒有管好基金的社區，要做什麼事都很麻煩，你有可能剛搬入新家，就又要繳一大筆公共設施的維修費用。這種問題，不管你買小套房，還是大豪宅，都會發生。

別不信邪，認爲自己不會那麼倒楣。我曾經有位朋友，買了間西門町的小套房後，努力經營管委會，二年後，將一千多萬的社區基金捲款走人，跑到菲律賓逍遙去了，後來該社區每戶都要額外多付管理費來存基金，豈是一個「慘」字了得！

社區每個月的開支，都會貼在公布欄內，記得花一點時間去閱讀，例如有多少人繳了多少管理費、花了哪些費用，裡面都會透露許多事實。你要有興趣，也可以請屋主或房仲協助，向社區調閱花費明細，這些資訊跟你未來要不要住在這個社區，都有很大關係。

要看什麼重點？看你日後每個月所繳**管理費的使用情況**，無論大小筆，都可以趁機瞭解並且評估你願不願意花這些費用。比如，每月花八萬元請一個會講六國語言的秘書？花三十萬元維護你不會用的SPA池、溫水游泳池？我眞的見過某社區每月花二萬元請來老師級人物，就爲了在社區大廳裡擺上「一盆鮮花」。美則美矣，至於有沒有需要多出這些花費，這牽涉到個人的價値觀，請買屋前自行判斷，以免將來鄰居興沖沖，閣下你氣沖沖嫌浪費。

社區活動也是一大花費，有的社區熱愛團體活動，每逢節日必有大型餐會，你要思考將來參加的機率高或低，因爲活動多，花費也多，你要繳的管理費也多，但好處是，你將會認識不少鄰居，多交朋友，社區住戶的向心力也會很強，是某種維持社區品質的指標。

新成屋的社區硬體花費較少，而交屋五年以上的社區，就像你的汽車一樣，開始陸續會產生一點維修費用；而十年甚至二十年的老社區，則會開始面臨機械車位要換馬達、電梯要大修等等。請留意社區的**基金水位**，有沒有幾百萬元足以支應？如果沒有存款，巨額的花費就要每一次都由所有住戶來分攤囉！

4 中古公寓

由下而上，六個細節

一、別漏掉一樓：品質的指標

公寓的物件多半是四樓或五樓高，沒電梯，屋齡三四十年左右，但我要提醒你，無論你想買幾樓，看公寓房子非常重要的一點：先觀察一樓的狀況。

首先是大門。很多人不太在意，但一樓的大門是檢視公寓環境很重要的一關，很多舊公寓的大門還停留在老木門階段，若有定期維護和上油漆還好，最怕大門、信箱的木頭都腐蝕到破爛，這種公寓建議別碰，因爲一樓大門應該要改成不銹鋼門，這不只是確認住戶素質，也攸關未來的住家安全。

公寓沒有管委會，所以一棟樓僅僅八到十戶的鄰居道德決定一切。公共空間有幾個重點要留意：一樓大門打開後通常會有個小小的空間，有的甚至可以放下兩三台機車，有的則是堆滿雜物。請記得向屋主打聽平時樓梯間利用的情況，如果這個空間容許擺放機車，那麼你的寶貝愛車失竊率較低，也算種附加價值。

公寓裝監視器的機率較低，但是鄰里巷道間則會有公共監視器，盡量選擇家門口附近道路有裝監視器、或者是旁邊有便利商店的房屋，可以彌補安全性方面的缺點，尤其夜歸的時候，保證你會很有感覺。

二、門前道路：一吋寬度一寸金

如果你看的公寓位在窄巷內，請別偷懶，去量一量巷寬，起碼要有一台車可以進入的寬度，當然，最好是消防車可以進入，退而求其次是一台車的空間，當家中有成員行動不便的時候，計程車要能開到門口。

這年頭，尤其是台北市，公寓不見得比大樓便宜，受惠於都更的利多，不少看起來破破爛爛的公寓比外觀高級的大樓還貴，關鍵就在於「**馬路寬度**」，這其中的差別要講到你懂，寫起來就是一本建築法規，但簡單來說，面前的馬路越寬，不但會車容易，也能利用騎樓或路邊多停一輛車。**面前道路越寬，對未來的改建會較有利，整合起來蓋高樓的機會較大**，這間公寓自然較具有可期待的未來價值。

在台北有些公寓的棟距實在太近，比如人口密度據說是世界第二的永和，很多人的客廳陽台離對面只有三米，廚房陽台和對門更是只有一米，跟鄰居握手、借醬油未免也太「方便」，住起來當然不舒服。「一線天」的環境除了採光不好，也難有隱私，你曬在陽台上的狂野內衣，整排鄰居都看得到。這類公寓雖然價格較便宜，但不建議買來自住，除非你熟悉、熱愛該區域，也習慣這種居住環境，或是你打算重新隔間後出租，同時等待改建，那就另當別論囉！

三、小環境安全性：鐵窗與外推陽台

許多公寓位於巷內，每到晚上因爲沒有店面的燈火，或是附近路燈不多，四周總是陰陰暗暗，這類小環境易成治安死角，縱使走路就可以到捷運站，你仍必須考慮夜歸的動線（無論男性或女性皆是）。

最理想的巷內公寓，必須是馬路旁要有中看也中用的監視器，至少一樓必須是住宅而非公司行號，因爲當你遇到歹徒的時候，叫救命好歹還會有人回應、幫忙打電話報警。公寓的位置關係到人身安全，**記得看屋時勤快些白天、晚上都要走一遭確認**。

許多老公寓多半已有陽台外推，而熱水器經常就置放在陽台上，安全起見，除了購買強制排氣的熱水器外，也要留意其他鄰居裝設熱水器的狀況。若是通風不良又使用瓦斯桶的公寓，住宅安全度堪慮。

公寓另一個不安全的重點在鐵窗。前文已有提到，鐵窗容易成爲歹徒攀爬的動線，公寓房子因爲棟距窄，爬起來更方便，所以看屋時記得從窗戶探出頭，看看上下左右，是否有可攀爬的鐵窗或是容身踏腳的點？如果是，建議你買了公寓之後，將傳統白鐵鐵窗換成可防盜又有通風功能的防盜鋁門窗。

四、樓梯間：整潔度有助於維持房價

公寓樓梯間關係到住宅品質，記得看是不是有乾淨無缺損的扶手，樓梯牆面是否保持清潔，牆上有沒有掛著滅火器；各戶門外，鞋櫃擺放整齊沒有拖鞋亂擺或雜物堆放——恭喜你，這棟公寓還不賴，代表鄰居願意花心思或小錢來維護環境，上下樓時不會被亂擺的鞋子絆倒。如果固定會請人掃樓梯、洗地板，那就更完美了。

公寓要達到上述標準坦白說有其困難度，就我的看屋經驗來說比例約低於五成。當然，如果你已經買下的公寓沒有此等水準也毋須懊惱，求人不如求己，從自家門口開始保持乾淨，一年洗一次樓梯並定時粉刷，主動找鄰居討論換掉不牢靠的大門鎖，然後向里長爭取擺設滅火器，不但維持環境舒適感與安全性，積極面來說，還可以兼顧維持**公寓價格**呢！

五、頂樓違建：避開鴿舍、基地台

頂樓加蓋，是公寓最常見的狀況——優等生，屋頂鐵棚只加蓋一半，樓下鄰居還保有曬棉被晾衣服的樓頂通風空間；稍差點的，一半面積加蓋變成自家住宅，另一半空間開放給大家曬衣服、洗水塔、查水表；再糟糕些的情況是，全部蓋滿，抱歉，頂樓空間跟你無關，連查個水表都要爬過別人家的違建；差之又差者，就是在**頂樓加蓋不只一層，甚至「頂樓加蓋再加蓋」鴿舍養鴿子**，搞得附近空氣品質差又鴿毛滿天飛。

除了加蓋的狀況，**基地台**是另一項你需要留意的「既定事實」。雖然電信公司不斷出具報告，說明基地台不會對健康造成傷害，但除非你沒有一絲絲在意，否則一般購屋者總是能免就免吧。上頂樓看看有沒有基地台，甚至要找找有沒有用假水桶、假招牌當作僞裝的基地台。否則將來要脫手時，也會成爲拖累房價的累贅。

六、壁癌體檢：要「看」，也要「聞」

公寓室內的牆面有壁癌，幾乎已經是常態，一般多爲磚造或加強磚造的老公寓，樑柱與磚牆的接縫處很容易裂，時間久了容易滲水；另外從落成以來一直沒換過的水管，也是漏水的元兇，總之，有滲漏水就會有壁癌。牆上產生雪花般的油漆粉塵，或壁紙上浮現重重霉斑，無論對「奇檬子」還是呼吸道都是種傷害。

如果你發現，這間公寓有閃亮亮的全新粉刷，或是牆壁竟然先貼木板、上面才包貼壁紙，你就要懷疑壁癌的問題可能頗爲嚴重，如果可以檢查天花板裡層，一定要龜毛點站上去打開來瞧瞧。判別壁癌的方法除了用看的，還可以用聞的，**有壁癌的牆面味道是一種潮濕又酸酸的氣味**，發霉的壁紙或木板更是極易飄出霉味，就與前文提到的蟑螂味一個樣。

有壁癌沒什麼大不了，除非前任屋主整修過，否則老公寓能完全免疫才奇怪；重點是，查清這房屋是自住屋主修繕過，還是黑心投資客亂整過，了解壁癌嚴重度，一來評估購屋款內要預留的修繕費用，二來將來徹底整修才能一勞永逸，否則，你免不了月月刷牆、年年補土的麻煩。

5 透天厝與別墅

精打細算，四大要件

如果公寓、華廈、大樓的物件怎麼看你都嫌小、空氣悶，打算買透天別墅，喜孜孜的幻想三代同堂、含飴弄孫，或者因爲地處宜蘭花蓮好山好水，打起算盤有意兼營民宿，那你一定不能錯過這篇，買「厝」前有些實際的細節可要打聽清楚、裡裡外外看個仔細！

一、土地利用度

獨棟的透天別墅，重視的是利用度。講究一點的透天，會有圍牆區隔內外，汽車、籃球架、魚池就在你的圍牆內部，所以，同樣價格與環境的透天別墅，土地越大者越值錢，而不是看房屋的建坪有多少。獨棟透天的價格，多半以**土地面積**來計算，尤其是用磚造或加強磚造的老透天厝，在銀行的鑑價中，建物本身的價值通常非常低。

看屋的時候要注意，**土地請以地政機關調閱的坪數與鑑界為準**，別以爲「我家三代都住這裡」這樣的說詞，可以把使用面積灌進到價格裡。當然，一棟好的透天厝，旁邊可能或多或少有些土地可以「借用」，像水利會、農會、祭祀公會，抑或是道路用地，只要沒人追究往往可以讓鄰近屋主三代借用，這些的確可以讓透天價值加分，尤其是道路用地，通常地方政府沒有太多經費來處理這些零碎又暫時用不到的土地。

透天土地的**形狀**，也會影響利用度，比如，方型的土地，就一定比梯型或是三角型好用，就算不管風水，不規則形狀產生的邊邊角角，就會不如基地面積方正的房屋好蓋，如果可以選擇，當然以土地方正者爲宜。

二、面寬四米以上

看透天房屋，最重要的就是面寬，無論氣派度，或是居住空間舒不舒適，面寬都是第一個要評估的標準，**四米以上是最基本的寬度**。爲什麼是四米？很簡單，看電視的基本距離應該保持二米以上，加上走道空間及沙發深度，如果你想要有個寬敞好用的客廳，四米是基本的寬度。面寬太窄會造成室內利用度不高，未來轉手難度較高。

近二十年來，有不少連棟型透天的社區出現，尤其中南部民眾總認爲，腳踏實地才有福，買房子就是要買透天而不買大樓；但要提醒的是，爲了壓低價格，連棟型透天厝通常面寬窄、且單層坪數小，比如單層才十坪，四層樓扣掉樓梯後，所有平面空間都很小，對於房屋買賣的交易來說，因爲這類產品土地採持份，計算房價的方式是以土地的大小來計算，房屋可使用的空間被樓梯壓縮，以後房屋的增值空間不大，不是好物件。

三、格局與樓梯

透天厝最常見的格局問題，在於廁所與樓梯的位置。通常廁所都在樓梯附近，特別是坪數較小的透天，都會把廁所放在房屋的中間，房間則分布在樓梯的前、後，好處是空間利用度高，走道等虛坪較少，但你如果打算讓房間打通，或格局重新規畫利用，恐怕會「卡卡的」，彈性受限。

不少地方建商爲了將容積用完，並且控制房屋土地、建築物坪數、總價，蓋出四樓半透天，每層樓才十坪大，一樓只有車庫跟客廳，二樓有餐廳及一個房間，三、四樓各兩間房及一個廁所，五樓則是一個小佛堂及露臺。這樣四十五坪、總價五百萬元，讓你輕鬆購買人生第一個透天。

不過，這類連棟透天的「主流產品」，室內所有空間都小而零碎，房間雖多，但都只有三坪大。想要洗衣服，要爬到五樓，可憐了辛苦的家庭主婦。荒謬的是，居然還有建商貼心的給你升降籃，讓你把衣服從一樓吊到五樓。每次你打掃，房間一下子就掃完，剩下一大堆樓梯，要擦要拖要吸，搞得媽媽腰痠背痛。

購買透天時，建議先思考，你需要多少房間，以及未來這個房屋的居住人數，房間數決定後，再去看房屋，這時你會比較清楚，該選擇樓梯在房屋中間型的透天，還是選擇大樓產品。

四、景觀與隱私

透天的保值力，在於隱私性與景觀的優劣。不管你是台北市信義區「貴森森」的市區豪宅透天，還是郊區的便宜連棟透天別墅（例如我朋友住在桃園八德市的連棟透天），都有一個相同點：常常沒有景觀可言，看出去，都是別人家。當然，豪宅透天會利用大樹植栽與沒開窗的牆壁做掩護，讓透天人家不用整天被別人盯睄，但郊區連棟透天別墅社區，就沒這樣的好處，客廳對客廳，臥室對臥室，回到家中都要拉上窗簾或紗簾。

比較好的規畫是，客廳或是臥室的窗戶，不要正對著對面人家的客廳或是臥室，在你家前方，最好有種樹的空間，臥室也盡可能有陽台，可以擺放植栽，藉由植物來產生遮蔽的功能。你的郊區別墅雖然不是豪宅，但自己用點心在景觀與隱私上，就可以讓房子更加值錢，起碼你起床時、洗澡前後，不用擔心曝光。

6 終極殺價指南(上)

預售屋，靠磨功打心理戰

進出房地產市場是一場諜對諜的戰爭，看屋要小心提防黑心廣告，買屋更要使出渾身解數來議價，能砍一萬是一萬，錢歹賺啊！所以我還是要教你如何殺價以及出價，免得萬一你吃虧上當，日後就算到我的「SWAY房市觀測站」寫踢爆文也來不及啦！

殺價要有方法，亂砍一氣只是在浪費你的周末休假時間而已。人家建商開價一千萬元，你總不能說：「我出價三百萬元啦！看你要降多少我再加多少！」建商會認爲你是來亂的，連談都不想跟你談。

殺價時請耐著性子優雅出招，買房屋不是買菜送蔥這種砍法，你要對物件有充分的認識，身心靈狀況都很好的狀態下，再來議價。別笑，我知道你以爲我在胡扯，你要知道，**建商就像韓國隊，做盡小動作就是要逼你就範大賺一票，一不留神很容易著了他們的道**，所以請記得，覺得疲倦的時候，不要出價；沒吃飯，不要出價；昨天喝酒熬夜，也不要出價；第一次看完房屋，更是不能出價！因爲你腦筋不清楚，因爲你肚子餓的時候比較衝動，因爲你看房子看得眼花只想早點回家睡覺。和建商議價視同戰鬥，他們可是用很專業很嚴肅的態度來賺你的錢，你若因爲沒有充足的準備，錢被他賺去，怪誰！

先買只會買貴

演戲，是建商或代銷在賣屋時一定有的過程，議價到一個階段，跑單小姐就會說：「我們沒有這個權限，要寫簽呈問公司才知道能不能過關。」其實，可不可以用這個價格買，現場專案經理百分之九十九心裡有數。

先暫停，在講議價技巧之前，我必須讓你先了解建商與代銷如何定價，以及兩者間的遊戲規則。**預售屋，分為底價、表價、溢價三個數字**。底價，就是建商決定這一戶要賣多少錢；表價，就是開價多少錢；溢價，就是客戶用高過底價的價格買，比如底價一千萬元，有人用一千一百萬元買下，那麼，多出來的一百萬元就是溢價。

代銷公司代理建商銷售房屋，他們要賺的是賣屋後的服務費用，收費通常分：「包銷」（廣告費用由代銷公司支付），可以向建商請款售屋底價的五～六％；「純企劃」（廣告費用由建商支付）可以有二％左右，再加上總溢價款拆帳，目前行情是三七分帳，建商拿七成，代銷拿三成。

雖然溢價款代銷可以抽，還不難賺，但代銷更在意的是成交。一山還有一山黑，建商比代銷狠，如果案子賣太快或溢價額高，建商就會不斷的把底價跟表價往上加，一個月加個好幾次都有可能，再加上有些建商也會玩陰的，事後不給代銷公司溢價款，因此代銷會認爲與其被建商陰，不如拿來當做成交的籌碼——換句話說，**代銷手上的溢價額度，就是你能不能買到便宜房屋的關鍵**。

多數代銷公司會利用前段銷售累積的溢價款，來補後面低賣的房價。比如，底價一千萬元的房屋，目前累積的溢價款有一百萬元，如果下一個買方一路從一千三百萬最後殺到九百五十萬元，代銷很有可能會成交，因爲已有足夠的溢價可以補。讓買方賺到低一點的價格，代銷則賺到成交的服務費用，建商則是賣掉他的房子。

所以，剛開案的預售案，你不見得可以買到優惠價格，所有「預約即享優惠價格」、「當天下訂送全套家電」，都是騙你早一點下手買屋，你提早下訂買貴了的溢價，反而成爲別人議價的工具了，氣不氣！

建商怎麼訂底價

當建商決定平均底價之後，接著就要進行「**分戶底價**」的動作。先訂出**垂直價**，通常會以中間樓層爲基準，越高越貴、越低則越便宜，大約每二層樓一級，每坪單價加減三千元。如果有景觀的大差異，比如高樓層有海景，低樓層被擋住，價差會拉大更多，比如有海景每坪加一萬元，沒海景就減一萬元。另外，頂樓通常是最高價格，如果是樓中樓的設計可再加分，最起碼樓上沒人的安靜度比較高。

垂直的樓層價決定後，接著決定**水平價**，自然是面馬路的前棟、有景觀的戶別，價格比較高，沒景觀的後棟，價格較低。水平價同樣以每坪三千元做調整，有時候因爲景觀的差異，有可能單價差個好幾萬元，比如有海景的第一排與沒景觀的後棟相比。

最後，調整數字的好看性，誰也不想買四百四十四萬元這樣的數字，所以如果算出來的數字比較難看，就會加減一下，並且，「避開」吉祥數字！如果這戶總價是六百六十六萬元，有些客戶也有可能會因討吉利出到這個價格，那麼，底價就一定會低於六百六十六萬元，比如六百六十萬元，因爲這樣帳面上就可以輕鬆多賺六萬元。

個案比價法

這是預售屋出價的第一招。當你看完你想要出價的個案，附近的案場也都去看過，對價格做過功課，接著可以開始用比價法這招來砍價。

你可以說：「A案有人成交每坪五十萬元，他跟你們地段、建材都差不多，你們開價六十八萬元，太貴了，我只願意出價到五十萬元。」

代銷與建商比你還清楚附近的個案成交多少，所以，你做完功課探聽到成交行情，就可以這樣出價。他案的成交價格，你可以上網找，從幾個**房地產網站討論區、看屋路人甲、他案停車場管理員**等地方，分別取得數字。當然，你得比較出兩個案子的不同，比如，A案有景觀，B案離捷運站比較近，兩相權衡，做為談判價格的參考指標。

雖然現在開價行情太誇張，好像在比誰家比較扯，明明底價每坪五十萬元，建商都會想開到八十萬元，然後新聞稿寫頂樓破一百萬元，但是，並不是每個買家都是豬頭，願意用這種沒天良的價格買下，跑一跑臨近幾個個案互相對照，看A案詢問B案價格，順便罵一罵C案有多爛，多少可以打聽出一些端倪。

此外，**建材的好壞差異，反映在房價上頂多每坪差一萬元上下**。比方說，馬桶，建商的採購價多在表價的三．五折，你找店裡買單顆大約六～七折，一顆定價十萬元的免治馬桶，其實建商只花三萬多買——也就是說，跟一顆普通等級、建商價一千五百元的馬桶相較，差了三萬元左右，但並不代表建商可以直接灌水到房價變成每坪差三萬！更何況這個例子是以很極端的建材差距爲例。所以當鄰近的兩個建案其中一家號稱建材有差異的時候，你就可以這樣抓房價的差異。

四樓爲準法

中國人一向不愛四樓，「死樓」嘛，所以四樓通常是最便宜的那一戶，你留意一下報紙或是接待中心，有時候會有「特惠戶」的價格，也就是，賣方想促銷難賣的戶別，價格有時候會比較低一點點。另外，還有「**廣告價**」的推出，比如強打「六百八十八萬元買三房」這類登在廣告上的訊息，以吸引你上門看屋，這個六百八十八萬元就是一個低價的參考值——雖然你永遠也買不到這間廣告戶。

前面提到，樓層有價差，先問到最低價格之後，再用這個價格來算出你想要的高樓層價格，**廣告戶或是四樓戶，就是一個最好的標竿**。但記得算出來的價格還是要議價，因爲四樓或廣告戶雖已是號稱最低價，卻仍有表價跟底價的差距，還是可以殺價的！

八五折高標法

自從某教授提出「預售屋要砍三成」之後，很多民眾都知道，不管代銷或建商開給你多少價格，砍個三成來當作第一次出價，之後銷售人員通常會打電話給你：「先生，這個價格不可能啦，不過如果你再加一點，公司也許會賣你，這樣好了，我們現場決定給你打八五折。」你可以再以此價格跟第一次的出價比較，可以用平均兩者當作你的回價。

據我的觀察，**底價與表價，差距在八折的機會比較高**，雖然《住展雜誌》曾有統計，多數個案的議價空間爲八五成，但我個人不甚認同這數字，畢竟建商有下廣告的所有媒介管道，其提供的數字多半要打個折扣。**但八五成的砍法，可以成為你房價的底線，也是你出價的最高標**。

只是當「八五折高標法」碰到「創區域天價」個案，就得多加思量。比如附近明明只有五十萬元一坪，這個案子卻要開價破八十萬元，你就該冷靜一點、別傻傻的以他的最高開價來算，那只是炒新聞用的，除非你看上的就是區域第一豪宅的產品，有最高規格的建材、結構和絕佳的小環境，則另當別論，但這類案子如鳳毛麟角，評估必須格外仔細。

此外，請別拿不同區域來兩相對照，這招建商和代銷很常用，別上當。南港跟板橋新站比？信義計畫區與新莊比？台中七期跟十一期比？這類的文宣，笑笑就好。

地段價就是地段價，當你夢境中美麗的預售屋經過歲月摧殘，成爲中古屋的時候，所有的遠景都會不見，剩下的只有地段和屋況。比如內湖五期重劃區，已有不少成屋案子蓋成一線天，房間都面壁思過去了，只剩下客廳有採光，雖地段不差，但屋況差，房價不見得保値，誰想要臥室開窗就是隔壁人家的陽台？只有買了不住的投資客，然後，再來賣給阿呆自住客。

中古屋類比法

估價原則上，**新屋與中古屋大約有二成至四成的價差**，因爲預售屋完工後，就變成新成屋，然後，過了幾年就是中古屋，所以，預售屋的「未來美夢價」不可以加太多，除非你可以準確預測兩年後，房價一定大漲。

我的想法是，沒有人可以預見未來，不管環境如何，經濟指標如何，跌價的時候就是會跌，跌多跌少而已，漲價則是溫水煮青蛙似的慢慢漲，不必再回想從SARS到現在漲了多少，那是過去式了，沒跟那波到代表你沒那個命，未來要有這樣暴漲的局面，比較難。

當你想買間新屋時，記得要去附近的房仲店走走，問問行情，也問問相同地段的中古屋價格，盡量以同類型產品來比較，比如豪宅跟豪宅比，大樓跟大樓比，這樣，你心裡大概有個未來價格的譜，那麼，現在就不該用超高的價格買屋，房價並不一定會如你的意節節高漲。

勤勞磨功

以前我還在代銷業服務時期，曾經遇到這樣的客戶：一位退休的校長，每周都來案場走走聊聊，問問行情跟變化，不管我們用盡話術，跟他說賣得有多好，他總是笑笑離開，但下周又再回來關心他喜歡的戶別賣掉了沒，因爲，老校長的出價一直都不到底價，沒辦法賣他。

案子開賣一兩個月後，我們業績開始下滑，但已經累積一些溢價款，我就跟老校長說，如果他願意再加一點就成交行不行？後來老校長總算如願，高高興興的買下一戶比底價還低的房屋。

這是磨功。對老校長來說，他並非急著找房子成家的自住客，何時購屋都可以，而他三不五時帶來的水果、甜點，也讓賣屋的小姐覺得「足感心」，不是同行來探口風的，頂多就是超級精明的購屋客。

然而想用勤勞的磨功來議價，就必須有「買不到」的心理準備。後來我發現，這位老校長在附近幾個案子，都施展同樣招數，讓他陸續買下好幾間低於底價的房屋，對他來說，他的工作就是散步與看屋，縱使他不懂看屋，不是專業的投資客，沒有快速套利的管道，靠著耐心經營買在低點，讓他成爲有獲利的投資客。

買屋團購法

一次買多戶，議價的力量就比較大，但只能買一戶的小老百姓呢？我建議，當你找到幾個想購買的目標後，在網路以及看屋現場多留意，不妨去找有意願的同好。這招「買屋團購」從「智邦不動產」發跡，後來散佈到各網站，但因爲這方法建商也很瞭，有時在網路號召時，會被建商派來埋伏的假客戶破解。

除了在網路上「揪人」，在人多的銷售現場也可物色有意購屋的朋友，一起來「團購」，畢竟，一次買多戶，通常會有較低價格可談。

「哪有這麼巧，突然就遇到朋友一起來買房子？又不是團購買乾麵！」跑單小姐碰到團購，通常會這樣質疑。你不用理會，在聯合出價前記得談好團購的價格底線，並且，最好大家理念一致，沒降到底價前，不可以偷跑。

萬一，搞到最後有人抽腿不買了，這也沒關係，起碼你在談判的過程中取得了較低的價格，不管是買這個案子或別的案子，都將成爲你談判的籌碼。

車位殺價法

車位不可以殺價？誰說的，**通常車位的議價空間，少則五萬，多則二十萬元！**這個空間，你可要記在心裡，在砍房價的時候，可以跟建商補上一句：「**你

說車位不能殺，我知道是騙人的，如果車位價格你不讓，但房價你要退多少錢。」如此一來，雖然表面上看來沒殺到車位價，但殺到總價意思一樣。

對建商來說也一樣，你殺房價，他就守住車位價，只要總價加起來一樣就可以賣。買屋要用點心機，畢竟，這是場戰爭，兵不厭詐。

上述方法，可以多招聯合並用，也可以只用一招，請融會貫通後，再跟建商簽下那「購屋預約單」吧。記得，訂金可以刷信用卡，累積紅利點數，再賺一點回來。

7 終極殺價指南（下）

中古屋，多管齊下好議價

中古屋的購屋管道，八成是房仲公司，沒人會告訴你底價與表價間的學問，但中古物件的價格仍會被預售屋所影響，只要附近有個天價預售案推出，中古房價馬上跟著起漲；只要有都市更新的價值，公寓價馬上飆高成豪宅價，看得你我火氣都很大。

中古屋的房價，除了地段以外，還有屋況。第一章十七招已經告訴你，投資客可能的各種玩法，接下來我要講的議價技巧，不論對付投資客，或是有投資心態的自售屋主，都適用。

中古屋的房價，和成本價比較沒有關係，如果前屋主購屋超過十年，通常賣屋都是賺錢，就很難用成本法來推算他的購屋成本。他外加的裝潢價格，也一定會膨風加價，比如花了五十萬元，就跟你吹說是百萬裝潢。

簡單來說，你用你賣屋的心態，來回推屋主心態，就對了。

找仲介，老鳥好還是菜鳥好？

在三大都會區裡，尤其是台北市，大部分的物件都是多家房仲一起賣，買房子時，你向不同的房仲出價，會有不同的結果，而不同的房仲經紀人，能力跟耐心也不同。曾經在網路上看到有人說，要賣屋時，找某家房仲賣屋可以賣高價格；而買屋時，找另一家房仲比較便宜。

這些傳言不一定是對的，我只能說，看運氣！你遇到好的屋主、認眞的經紀人，就可以幫你談到一個好價格，找資深或是有名氣的不動產經紀人，不見得會比剛入行的菜鳥談下來的房價便宜，兩者差別在於經驗。買賣雙方對價格的期待可不可以談判，老鳥會從過往經驗推測，也許很快會放棄他認為不可能談成的價格，他大概心中有底，這個屋主非要多少錢才會賣屋，多花時間也不見得能成交。如果你碰到認眞的菜鳥，不管你怎麼開價，有時他反而會用最笨的磨功來感動屋主，花的時間長，但是卻有可能誤打誤撞幫到你，用低一些的價格成交。

「S大，怎麼你說的都是『可能』？『不確定』？」是的，多數房仲經紀人起薪三、四萬元，吸引不少年輕人畢業就加入，也難免充滿良莠不齊的狀況。我的建議比較簡單，請找有名氣的連鎖品牌，對你較有保障。畢竟，如果有個萬一，報章雜誌也只會刊登大間房仲的踢爆文，小店，很難上報的！

對投資客來說，找Top Sales就有差，因為他們會動員歷年來累積的人脈，幫投資客快速的買、賣屋。但一般自住客想找房屋仲介，就請用淘汰法來選擇，找出你認為夠勤勞、夠專業、任勞任怨的經紀人；萬一想換人，別客氣，請明說。一個認眞的經紀人，才會給你帶來幸福的人生。

至於房價，請自己作主，別以為經紀人收你的服務費，就負責要幫你談到低房價，沒有房仲會打出「買貴退雙倍差價」這種「有氣魄」的保證。通常房仲為了要成交，一定會告訴你附近物件最近的成交紀錄，當然，他秀給你看的一定是價格比較漂亮的，所以，談價格時，不能只談一間，你一定要多家房仲、多間房屋一起來談，交叉比對，才能找到眞相。

中古屋的開價

中古屋的定價當然是屋主的開價，定價的程序是這樣：**屋主心中的底價（不管合不合理），加上房仲的賣屋仲介費用（最高四％），再加上二成以上的議價空間，等於你所看到的開價**。

黑心房仲的開價，則是再加上自己的額外獎金，萬一你要殺價的話，他可以假好意不收或少收你四％仲介費用，但其實仲介早已經跟屋主談好退多少佣金，你的房價還是被灌水。

雖然價格開得老高，但房仲要賺的是成交的佣金，沒有成交就啥也沒有，所以房仲會視狀況暗示：「這棟成交大概多少多少，你可以用這個數字來出價。」或是，「上個月這個社區賣了一戶，成交多少多少，你可以用這個價格來跟屋主談談看。」如果屋主周轉比較緊想早點出手，你可能會接到房仲這樣的電話：

「屋主願意放價格，要不要跟屋主見面談？」這時不要客氣，一定要單刀直入的直接問仲介屋主的底價。

推估屋主買價

中古屋的購入時間不一而足，很難估測屋主的買價，五年內的成屋比較能查詢得到。

網路成形大約就這十年，只要你在入口網站上輸入建案名稱，就有可能從討論區中找出此社區過去預售的價格、有沒有改過案名、中間有沒有降價做過二次銷售，這亦是「智邦不動產」最大的優勢，存了不少過去的資料供你參考。

當你查出過去成交的價格之後，請判斷這個屋主是要賺一票還是只想脫手。如果他交屋一年內就要脫手，並沒有等房價更高才賣，就代表房屋不好住，對這類的屋主，你的開價要能讓他賺一點，比較容易成交。加多少？當你明確的告訴屋主，你有調查過去他可能的買入價格，再加個一成給他，就是比較可能快速成交的金額。

現任屋主不好住，不見得對你而言也不好住，有時候只是他主觀認定的方位不順。無論是何種原因，除了超自然的風水問題，其他都可以用錢來計算，比如，有漏水就要扣掉抓漏費用，有噪音就要扣掉重做隔音天花板、氣密窗的費用，諸如此類。當然，預防黑心投資客的功課做得好，絕對有助於你去做議價的動作。

該不該跟屋主見面談？

我個人很討厭房仲動不動就找屋主來見面談，如果經紀人一下子就要求見面談，我一定說：「好，來談吧，不過要先扣你一半佣金，因爲你的佣金太好賺了。」房仲利用見面談，既可拉近買賣雙方的距離，成交也通常是一瞬間完成，對房仲來說，不用兩邊傳話又能快速成交，省事又有效果。

如果你選擇跟屋主見面談，我會建議你準備好議價的姿態，買屋是場戰爭，誰示弱誰就輸。

首購族，自然要擺出「年輕人沒錢，但態度很誠懇而且很喜歡，會好好照顧這間房子」這種模範生的模樣，多少可以搏得前屋主的憐憫。重點在於要清楚傳達，你只能出多少，因爲兩個人還要努力工作、養小孩、養父母，沒有太多預算。如果前屋主也是這樣一路走來，他有可能便宜點賣你，對年輕人來說省個三萬、五萬都是好的。

換屋族，請狠一點，畢竟大家在社會打滾都一段時間了，裝可憐是沒有用的，比的是觀察力和鬥心計，例如：「你的裝潢都不適合我用，那個衣櫃門片角角有一個小洞，裡面會有蟑螂，要拆除或灌藥來處理。」或是，「天花板已經有漏水的痕跡，重新做防水要花五十萬元，而且我們已經問過樓下狀況，地板的防水也可能要重作。」

我曾經對屋主說過：「你的地板很漂亮，但是當初鋪的時候，工人施工沒做好不平整，要挖掉重做；另外，牆壁的油漆不平，當初沒有『二底三度』的油漆工，所以，我們可能要重新批土、磨平，這個費用比較高。」

如果你已經以我前面教的「中古大樓八大技巧」內外檢視得透徹，還可以這麼說：「樓上的小孩很吵，將來天花板要花幾十萬作隔音，否則沒法住人。」

你要殺漂亮的價格，就要有驚人的觀察力。

投資房殺三成，自住房殺兩成五

前面千叮嚀萬叮嚀，盡可能不要買投資客的房屋，是因爲投資客買屋賣屋的目的就是要賺錢，他的開價會跟上預售屋的行情，沒有賺五成他不會脫手。

但假如你實在是很喜歡某間房屋，可以試著殺三成價格，來測試投資客的底線，畢竟有滿手房屋的投資客，如果他對後市有不同的看法，或這間房屋賣超過三個月，沒有想像中的好脫手，當之前他賣十戶、有一戶已經賺到五成價差，其他九戶就有機會放低一點的價格賣出。

但是，你想一開始就出價五折？連談都不用談囉，哪有人殺價一下子就砍到骨頭？要想辦法砍到肉就好，留一點筋給他賺，你才買得到。不過要是因爲砍價，買不到投資客的房屋，也不需要感到可惜，賺錢很辛苦，就算再喜歡，也犯不著讓投資客賺暴利。

如果你已經確定這戶眞的是自住客，根據我的經驗，第一刀就是**兩成五以上**，因爲房仲也知道，是買家都會殺價，如果你只殺一成鐵定馬上成交，先殺個兩成或兩成五，再看看屋主反應如何，接著以「**十萬元**」爲單位，加一次、兩次，接著，以「**一萬元**」爲單位，喬出最後價格。

喬不下來，就用拗的、加減省錢，比如，原本屋主賣屋不含冷氣，你覺得他的冷氣還可以用，就拗他的冷氣；你覺得他的沙發坐起來很氣派，就請他留給你；看上掛在牆上的某個裝飾品、畫，也可以談談看，但你要自行判斷有沒有價值（請參考第一章的投資客黑心裝潢術，不要傻呼呼的拿路邊石頭當寶）。

「挑毛病」殺價法

嫌貨才是買貨人，這在過去成立，現在可不一定，嫌多了，屋主會認爲你是奧客，連談都不想談。所以不能亂嫌一氣，要嫌，就要嫌到重點上。

可以嫌的，必須以難以改變的缺點爲主。例如，方位比較差，有西曬的大問題；客廳太小，只能敲掉一個房間打通空間；廁所與廚房相通，風水不好，要重新隔間才能住；漏水啦，要花大錢補救，而且還要跟樓上的人談判；沒有陽台耶，要扣掉室內空間才可以製造出陽台，這不好用；公設比很高啦，虛坪太多，雖然地點好，可是換算起來更不划算；車位規劃爛太難停，每天要花五分鐘前前後後移好幾次才停得了車。

你不可以這樣嫌：裝潢設計很沒質感，不值那個錢，要打掉重做（這是主觀問題，你頂多說，設計不合你使用，或是你不喜歡這類設計）；一樓有早餐店，容易有火災，要花很多錢保險（早餐店只有鐵板咧，用火的地方不多）；牆壁都被你家小孩畫花了，油漆要花很多錢重漆（小孩子本來就這樣，你頂多說，油漆有點髒了，要換）。

挑毛病、嫌棄，是一門學問，你只要挑到核心問題就好，別涉及人身攻擊或是主觀意識，激怒對方不見得可以殺到價。

但如果這間房屋是投資房，你看出投資客只花了十幾二十萬元就號稱百萬裝潢，倒是可以直接講明，這裝潢哪裡有問題，比如插座根本沒有電，要重新拉線等等。投資客很清楚投資房的問題，當他知道你不是好宰的肥羊，而正好又願意放低價出手的時候，你就有機會買到合理價格。

你有家人或朋友很會買菜的嗎？像你家的三姑、六婆，帶她去嫌棄就對了，她們絕對知道該如何「委婉、有手段」的挑毛病。

仲介費激勵法

我問過房仲，價格談不攏，是否會以砍仲介費的方式來成交？他們多半不樂意，但如果遇到沒有業績的時候還是得讓步，仲介費少賺只是一時，度過業績壓力更重要，尤其是有仲介想爭月冠軍的時候，只差你這間，成交金額就可以達成目標，他一定願意放棄仲介費。

我倒是經常教別人這樣做：「你告訴房仲，如果用一千萬元買，我就不給你一%的買方仲介費，但如果能夠談到九百五十萬元，就給你二%仲介費！」乍看之下二%要付仲介十九萬，但算起來還是比用一千萬買省下三十一萬，小小重賞會有勇夫努力幫你談價格，對房仲來說，成交才有獎金可領，幫買方用低的價格買到房屋，仲介費還能得到補償，何樂而不爲。

有制度的大房仲公司，不收事後回禮，他賺的是賣方四%佣金，以及買方的一%佣金（有的要求二%），所以，或許你買屋時可以省下這一%的服務費（因爲仲介還有四%的服務費可以收），但換個角度想，很多賣方也會砍服務費，當你願意給仲介一些甜頭，對爭取好價格有很大的幫助。

雙房仲競爭法

最後一招，不管是眞的還假的，當你今天要跟A房屋仲介議價的時候，請同時連絡B房仲公司，談另一戶房屋的議價，並且一定要讓對方知道，你同時正在談另一間！

最好的狀況是，你接電話大聲回答：「啥？屋主降價五十萬元？給我時間考慮，如果他可以再降一些我就馬上買！」然後，回頭對你旁邊的房仲經紀人說：「唉呀，他們屋主在××仲介的店裡面，願意一次降五十萬元，對了，你們的屋主打算降多少？」

這招雖然戲劇性，但又快又刺激，也很有效，只要你找到兩間都很滿意的房子，安排同個時間談價格就好。你可以玩眞的也可以玩假的，甚至找你朋友假裝打電話來也行，**但請抱著買不到就算了**的心態，畢竟不是每個屋主或是房仲業者，可以受得了你這招。但是，如果有眞的兩個以上的案子在議價，可以**強化你**

是真正想買屋的印象，讓屋主和仲介捨不得斷了你這條線。

據說大陸的房產買賣也很愛來這招，有聽過某房仲為了不讓買方被搶走，居然想辦法讓客人的行動電話沒訊號（買個訊號遮斷器就好啦），讓買方不能同時議價。

這個招數可不是我掰的，而是幾個中、大咖投資客最喜歡操作的招數，又砍價格又砍服務費的，「你想成交，可以，給你十分鐘談價格，談不成我就買別間，你知道我已經找你買了好幾間房屋了！」就這樣，不成交也難。

請根據你自己的個性、需求、口才應用以上的議價方法，只要謹記：買房子，省小錢不算少，錙銖必較；沒成交再找就好，不能任憑宰割。

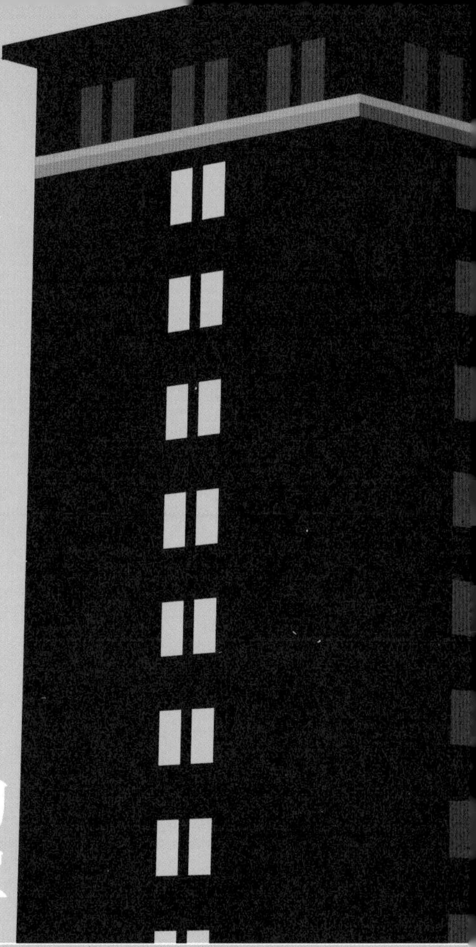

【附錄 1】看屋一定要帶的隨身小工具清單

【附錄 2】Sway教你挑好宅：中古屋、透天厝看屋導覽圖解

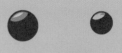

手電筒	房屋的「素顏」角落多半隱藏在天花板裡，沒有燈光可以讓你看清楚，隨手帶支手電筒，就可以照清楚這個重要的角落，尤其是管道的牆壁、最深處，沒有手電筒是看不清楚的。
棍子	這個是要來敲一敲地板跟牆壁磁磚用的，沒有棍子你用拖把也行，反正看屋的時候，屋主多半不在家，你借一下他家的就可以。隨便選幾塊磁磚，敲一敲四周跟中心點，有沒有出現「空空」的聲音，還是，聲音是一致暗沉的聲音。
手機	手機要做啥？拍照啊，隨手拍下來房屋的狀況，你才能在看了100間房屋後，可以做個完整的功課，不會忘了第68間房屋的狀況是啥。當然，拍照也要拍重點，如果這件買賣談好要含冷氣或家具，可以順手拍下來，當作未來合約的一個憑據之一。
充電器	也可以用小夜燈代替，只要能夠確定插座有電就好。很多投資客的房屋，會做假插座，如果發現假插座，全屋線路一定要重拉。

附錄 1
看屋必備！檢視屋況的好用小工具!!

鋼珠	隨便丟到地上，你可以從滾動的方向來判斷客廳、臥室的地板是不是平整，浴室的地面是否有些微傾斜至排水口，否則，你的桌子一定歪一邊，洗澡水都排不掉。
指南針	這是看方位用的，我只建議你買簡單的指南針就好，如果你對於風水要求極度龜毛，請找位正牌風水老師一起看屋比較穩當。帶指南針的重點在於，確定客廳的方向、臥室的方向、有開窗的方向等等，讓你知道，這房子風大不大、有沒有西曬或東曬的問題。記得，要確定你買的是指南針，不是指北針！
香水	可以準備一小瓶「小香」迷你樣品即可，先把窗戶全部打開，到廁所、廚房噴一下，假想你上了廁所有異味、炸了魚有油味，然後四處繞繞，感覺一下，有沒有香水味飄出，來確定這間房子的通風性好不好。
衛生紙團	你在看屋的時候，可以拿個5、6張衛生紙揉成一團，丟到馬桶沖掉，看排水狀況。

附錄 2

Sway教你挑好宅：

中古屋、透天厝看屋導覽圖解

I 中古大樓的觀察重點

一、外牆與屋頂

仲介帶你看房屋，通常會快速的帶你進到室內看裝潢與屋況，不會提醒你看看建築物外觀，但務請留意，屋齡越老的房屋，就越要抽點時間仔細觀察建物外觀，會不會漏水、建商有沒有用心蓋，甚至住户的品質，都可以從外觀看出端倪。

❶窗外有蹊蹺，看屋時不只要探頭，還要在外面繞繞，有時恐怖的變壓器就在你主臥室的床正後面！

❷看10年以上的大樓，就要思考漏水的可能性，圖中大樓外牆龜裂是個問題，同時牆壁外的排水明管是後來改的，表示之前的排水管有漏水；最下方的排水管出口有明顯的漏水痕跡。如果你要買的房子有類似問題，請先把修漏水的預算估進去，議價的時候記得提出來砍價。

❹看外觀就知道環境，如果外牆有發霉跡象，代表這區濕氣很重。而外牆從沒洗過，不是管委會沒錢，就是住戶不在乎，但如此外觀對你將來要轉手的房價會有負面影響。

❸記得上屋頂瞧瞧，沒下雨時，要仔細看地板，如果有孔隙，尤其是磁磚接縫處的水泥已經出現腐蝕的小孔，頂樓室內即有漏水的可能。

❺如果你看的大樓有裝鐵窗，是統一規格或是每戶各裝各的，在房價上會造成明顯落差，圖中左右兩棟大樓，房價每坪差3萬！

❻請記得，鐵窗不見得是防盜的保證，有可能成為小偷的攀爬路線！圖中的鐵窗加冷氣機，正好成為小偷絕佳踏腳點。

❼進屋裡後，別光看屋內裝潢，記得從窗戶探頭出去，看看窗台外面的磁磚有沒有貼整齊，可了解建商施工品質的細節。

二、公設區域

不要以為公設與你將來的生活沒有太多關係，小地方學問多，包括社區居民生活習慣、衛生環境都可以從中觀察，尤其是社區公佈欄和垃圾集中處更是不能錯過的兩大重點！

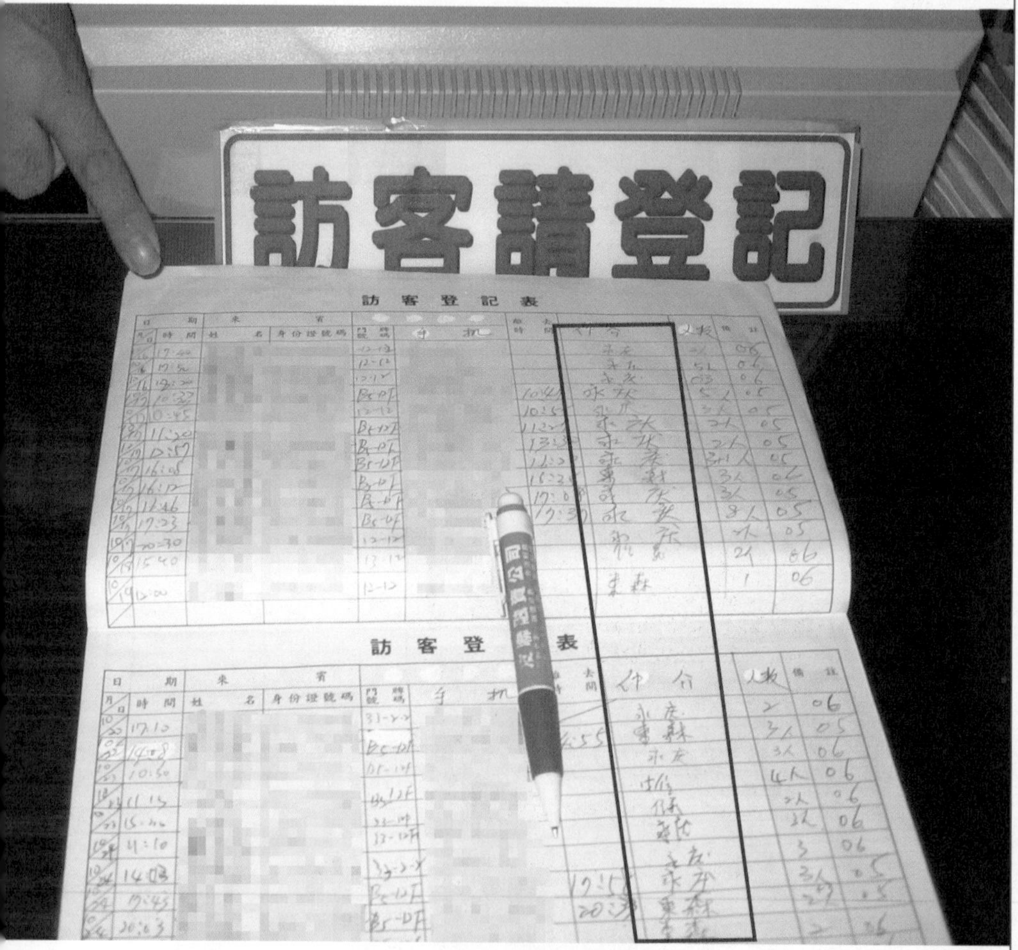

❶有管理的大樓，進出都要登記，這時記得偷看一下簿子的進出名單，你可以了解到有哪一戶在賣，來看的人多不多，以及除了仲介外，外人進出的大概狀況。

❸廚餘桶旁如果有水槽，一方面清潔人員整理方便，再者住戶倒完垃圾也有可以洗手的地方。

❷垃圾室可以看出管理和鄰居素質，也跟居住環境的衛生習習相關。垃圾分類有無確實，附近地板是否乾淨，有沒有難聞的氣味，都是觀察重點。

❹看垃圾間時踢一下垃圾桶是個重要的小技巧，看有沒有蟑螂亂竄，也可觀察這棟大樓的管理狀況。

❺高檔社區會配備能密閉、有溫度調控的垃圾儲藏室，衛生品質較好。

❻公佈欄一定要看，尤其是社區收費的各種訊息，記得多留意個兩眼。可請房仲與屋主告知管理費的使用明細，看看錢都花到哪裡去。如果高額的管理費，是花在請一個door man在門口幫你開門，就得想想這筆錢你願不願意付！

三、室內觀察

進屋裡後先不要被一時的華麗裝潢所迷惑，或急著幻想房間規劃，許多素顏的角落一定要記得「機車」一點看仔細，房子好不好住、會不會動不動漏水發霉，關鍵就在這些小細節中！

❶下午3點是看屋好時間，觀察重點在西曬，即便不是全面性，只要會西曬到的空間都要特別留意，並預先思考將來的使用規畫，否則這個空間每到下午就熱得半死，如果需要經常使用，將難以避免夏天的電費爆增。

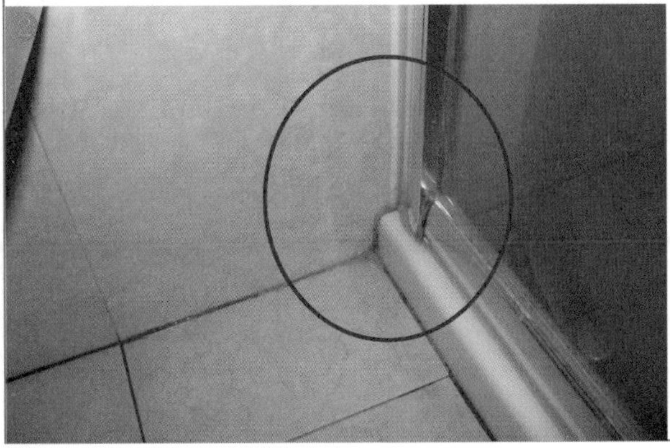

❷看屋要看角落，像這間浴室淋浴間門外的轉角處已發霉，代表淋浴間的防水沒做好，你接手後最好打掉重作。

❸如果屋內有鋪設地毯，記得要掀開看看底部，如果發現濕氣與水痕，鋪地毯大概是不希望被你看到漏水真相的障眼法。

❹要看天花板上的角落，通風管有無密封？牆壁是否完好？這張圖的漏水已經與油漆、石灰形成了「鐘乳石狀」，旁邊的角材也呈現潮濕，勢必得重新整理。

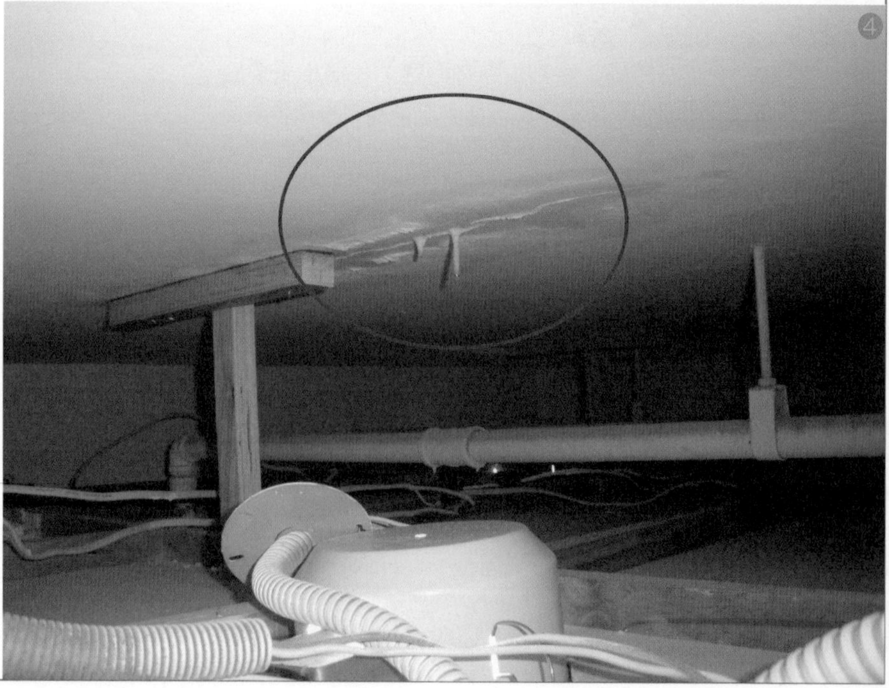

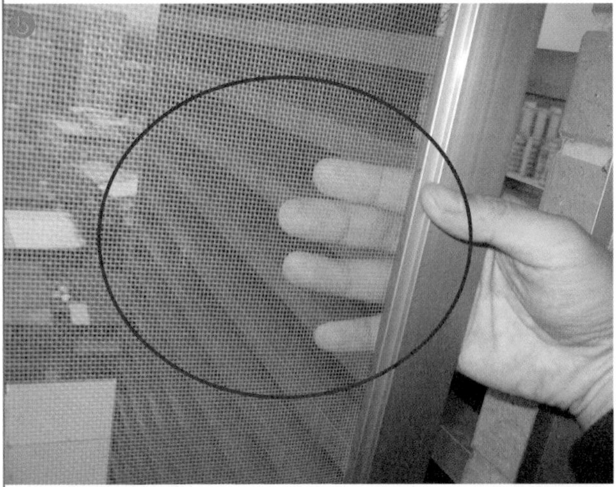

❺看屋時不妨養成順手摸一摸紗窗的習慣，可以判斷空氣品質，如果摸起來不但黑而且油，就要留意附近有沒有造成污染的工廠。

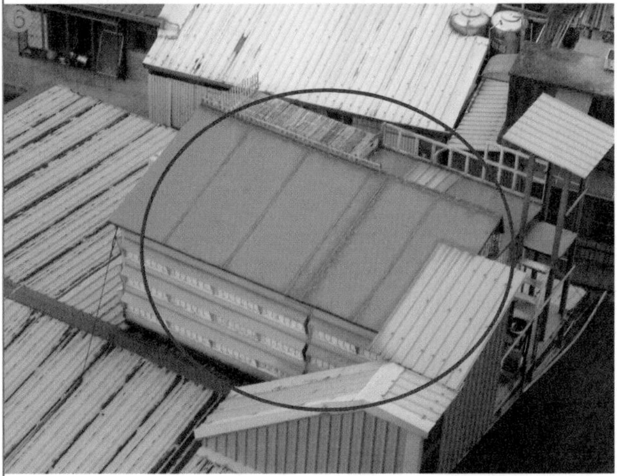

❻看看窗外，如果發現附近有鴿舍通常不是好事，要留意家中成員會不會對毛屑過敏。

❼看到屋內漂亮的木作裝潢先別高興，請仔細看看櫃子裡的角落有沒有黑色的蟑螂大便？如果有，建議你全部「砍掉重練」、重新整理很可能內藏「小強」一家五口的窩，並以此來向仲介及屋主議價。

II 公寓的觀察重點

一、好公寓長這樣！

❷有重新換過不鏽鋼大門，並且在一樓裝上滅火器，這種公寓在安全性上可以加分。

❶

❶有些公寓會統一裝設鐵窗，外觀一致，也代表較容易統合各家住戶意見，鄰居素質整齊。這類物件算是公寓界的「極品」，通常較少有人出售。

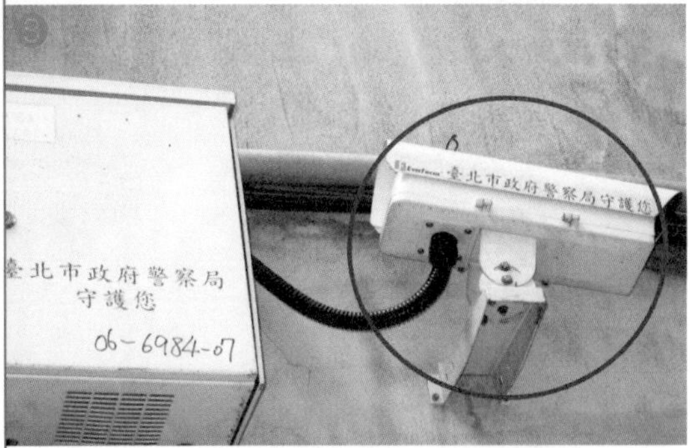

❸位於巷內的公寓要看附近有沒有公有監視器，對於夜歸的安全較有保障，如果大門口前也有就更棒，警方的監視器幫你家當保全，多好！

❹一樓乾淨程度代表鄰居品質。另外如果可以停機車，你的財產也會多些保障。

❺各樓層的鐵門都有更新、梯間牆壁經過粉刷，也是好公寓必須具備的條件。

❻如果想買超級老公寓等都更（雖然我不是很建議），注意物件附近是否有已經整合完成的空地，都更的速度與可能性會高些。

❼巷弄內的公寓要看一下巷道的寬度，最起碼要可容一台車進出，日後家中若有成員行動不便，才能搭車到門口。

❽公寓樓下或附近有便利商店，不論是在生活機能或治安上都有助益。

二、差的公寓長這樣↓

❶公寓大門如此「傳統」老舊，顯見住戶不甚在乎維護問題，平日進出的感覺不會太好，重點是鄰居「各掃門前雪」的機會很高。

❷公寓梯廳裡若擺滿雜物，不但對進出動線與景觀造成影響，也會有安全的顧慮。

死巷

❸巷弄不宜太窄，死巷公寓車子進出不易，消防車更是無法進出，甚至以後想改建都較吃虧。

❺公寓巷內有廟，會對房價扣分，有噪音、出入份子複雜等問題。

❹防火巷太窄兩棟樓之間太近，不只沒有隱私，安全也堪慮。

❻一般公寓沒有管委會，如果你的頂樓鄰居門戶洞開的讓各家電信公司來裝基地台，這類物件還是能避則避。

❼公寓加蓋如果全部蓋滿(左)，樓下住戶無法曬棉被事小，火災逃生問題事大。只蓋鐵棚，或是只蓋一半有留部分空地的物件會好些。

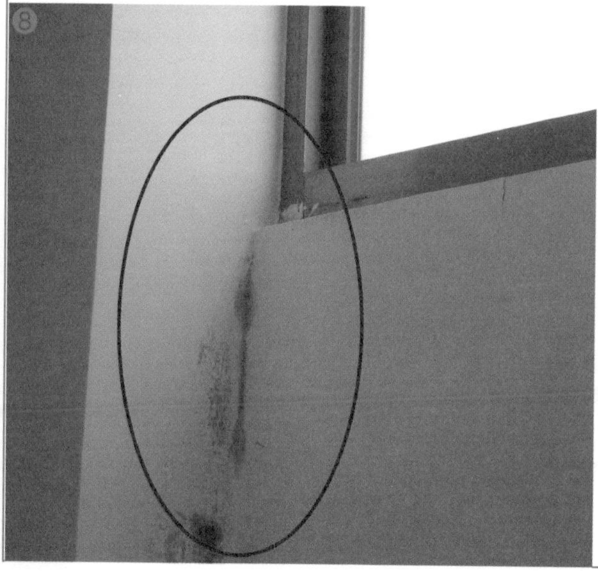

❽這種看上去油漆很新、但已然生鏽的窗戶可見牆角有雨水滲入，是黑心投資客公寓的典型，若想自住；防水要重做。

Ⅲ 透天厝的觀察重點

❶透天厝首重面寬，寬度決定透天的功能性與豪華性。

❷透天厝旁有空間可利用，對房屋就有加分作用，不論土地是屬於社區還是政府，只要不加蓋，大部分都可以免費使用，多停一部車挺方便。

❸連棟透天厝最大的通病，就是單層面積太窄，樓梯卡在中間，樓上房間難以合併，在空間的使用上特別會受到限制。

❹樓梯太多會佔據透天別墅的坪效，打掃也比較不容易，評估時要精明計算。

⑤有斜頂的廁所，是透天厝一樓常見的特色，壓迫感也重，你如廁時也會稍為辛苦些。

⑥連棟透天社區常是戶對戶的規劃，戶戶沒景觀，選擇格局時應避開門、窗正對的問題，以保隱私。

【番外篇】

《黑心建商的告白》升級版——破解建商話術的三堂課

「你嫌房價高？看看這幾十年來，房價只有漲沒有跌啦！去年我叫你買你沒買，這裡一堆高科技貴婦買耶，你再不買就買不到！」以上，是銷售現場Sales最喜歡講的一段話，因為你邊看邊嫌房價太貴。

「《黑心建商的告白》看了很有感覺，但是，可否介紹一下良心建商呢？」「我看了你的書，已經不敢買房子了。」以上，是《黑心建商的告白》出版後許多讀者上網問我的問題。

建商擔心客户看書後嫌他黑心，馬上再變出升級版的話術，想要破解我所告訴你的每一件事。沒關係，摩爾定律說，每十八個月，電腦IC科技就會升一個等級，我不用等十八個月，現在就告訴你，黑心建商正在搞啥升級版！

至於你呢，一心只想找蓋房子品質優並且便宜賣的良心建商——告訴你，不存在，請別幻想了。世上沒有一百分的良心建商！請找尋六十分的建商即可，剩下的四十分，得靠自己嚴格的挑選！

在此特別剖析幾個大家關心的重點：一、到底近幾年當紅的制震大樓和隔震大樓有何不同、其中有何玄機？二、如何挑選六十分的建商？三、要怎麼看門道、分辨誇大的廣告語言？

1 防震不防裂，黑心制震大樓裂、裂、裂！

台灣多地震，從九二一之後，從豪宅開始，建商開始大推隔震、制震大樓，基本上這沒什麼不對，引進國外最新的技術，讓台灣的房屋更經得起天災的考驗，好事一樁，大家應該幫建商拍拍手，總算做了件良心的事。

所以，千禧年之後，你就會常常看到豪宅的廣告，上面打著日本ＸＸ匠、ＸＸ鐵技術的制震結構，有了日本公司加持，這些防震大樓的房價，當然也就跟著水漲船高。建商看大家瘋狂的買，也瘋狂的推案，一時之間，沒有裝制震器的預售案，感覺整個遜掉，代銷賣的時候也很難吹噓得理直氣壯。

好啦，問題來了，豪宅反正賣得貴，羊毛出在羊身上，每坪多個三～五％的成本，有錢人爲了怕死，都會乖乖買單。問題是，非正港豪宅的建案也來玩這招，既要價格足以吸引消費者上門，又要有制震當噱頭好賣，於是天才的建商們又研發了專屬於台灣的黑心手法：有裝就好，反正宣傳的時候，也不需明說裝幾組、裝到幾層樓，能拿出來讓代銷好賣就得了，是吧！還有你有沒有研究過，隔震和制震到底有什麼差別啊？眞的有效嗎？

先從制震說起。你想像一下，一台車有四個輪胎，每個輪胎都要裝上避震器，當車子行經石頭路面一遇顛簸，你就只會感覺稍微震動了一下，對吧？那如果避震器只裝一個輪胎呢？

所以說老祖宗有句成語「橘逾淮爲枳」，眞是一點也沒錯，橘子在淮水以南就長成好吃的橘子，淮水以北就會變成苦澀的枳，看起來一樣，味道卻差很多。制震這件事也一樣，人家日本人苦心研究爲了保障生命安全的制震機構，到了台灣變成行銷工具，**意思意思裝個一層幾組就好，效果有沒有還不知道**，你家的牆壁地震一來就裂裂裂，成了黑心新成屋最常見的問題。

最近，開始有朋友抱怨了，說地震一過，家裡的裝潢裂得亂七八糟，牆壁開始漏水，豪宅變成廢墟。不是隔制震大樓嗎？對啊，小小地震還擋得住，可是，制震裝置是裝在牆壁與柱子上面的，眞正的施工法會有兩層牆壁，一層是用來分散地震的破壞力，一層才是你的裝修面，就是你摸到的、室內牆那一面。而黑心制震宅就只做一層牆，將裝修牆與制震器直接擺在一起，小小地震一來，因爲這些裝置的作用，牆壁開始裂開來！你去質問建商會得到令人搥心肝的標準答案：「因爲地震的緣故，牆壁裂開來是正常的，這樣才表示有效削減地震的威力哦，表示我們的裝置很有效果的。」

哇哇哇，這些朋友叫得更用力了，地震是天災，「人力不可抗拒」，建商才不管你有沒有裝潢，那是你家的事，地震把你的牆壁震開了一條條縫，安全沒有問題，可是，漏水咧？天花板咧？你家美麗的裝潢，頓時變成地震的災後現場。

黑心建商隨便裝兩個制震器，就跟你說這棟是制震大樓，但我問過結構技師，要眞正發揮效用，**制震器除了標準安裝，還起碼要裝一半以上的樓層，才能有效消減一些地震力**。預售屋裡都有工學館，建商講得滿口學問，你自己查一下，號稱制震大樓的，有幾棟是裝了一半以上的樓層呢？有一堆個案都是只把制震器裝在一樓，最多裝到三分之一就算有良心了！

如果你打算買預售屋、新成屋，起碼看了這篇文章後，還可以去查，要建商或代銷留下白紙黑字的紀錄，明確告知到底會裝多少的制震器；如果你買中古屋，誰告訴你？問房仲？別傻了，一定也是一問三不知，根據我的經驗，有這種專業的房仲經紀人不多，眞的不多！

買制震宅除了確認制震器的多寡，還得當心你買的樓層，**制震器裝的不夠多的制震大樓，千萬別買低樓層**，尤其是窗邊就有裝制震器的單位！

這簡直就是一種以鄰爲壑的行爲。地震一來，高樓層可以降低搖晃程度，但是，低樓層呢？制震結構所承受的破壞，全部都是低樓層慘兮兮，尤其是二、三、四樓這種低樓層，整棟大樓的壓力全集中在這兒。別說你不相信，我朋友就是活生生血淋淋的受害者：「我的天花板就像九二一地震被擠壓過的學校操場一樣，整片被擠下來，牆壁也是，全部龜裂不說，最近颱風多，那個雨就像瀑布一樣噴進來，從小到大從來沒有這麼慘過！」你花了大錢，買了制震大樓，有沒有保障到你的身家安全還不知道，但恭喜你，家裡該裂的都先裂了。

後來，有建商也推號稱更高等級的「隔震大樓」，利用隔震器將大樓建築與地基分開，地震來的時候，整棟大樓就只能輕輕的搖搖晃晃，也沒有啥制震牆壁因此而破裂的問題。

但是，**真正的隔震大樓，是必須要有一整層的隔震層**！地震一來，樓上搖搖晃晃的程度降低，隔震層發揮效果時，除了隔震器的阻力，阻擋地震的搖晃力，隔震層裡面的牆壁也會因此晃裂，這代表整層的隔震層的確會發揮效用。

重點來了，你家被保護好好的，可是，隔震層呢？當然是管理費要出錢維修了！每次地震一搖，就要找技師來檢查隔震器的消耗程度，以及隔震層的裝修破壞程度，你的建商有沒有告訴你這些事情呢？沒有、沒有、沒有！我聽到的都沒有！要買隔震住宅，管理費記得準備好，多繳一些是免不了的，但這至少比前面的黑心制震宅好，就算花大錢來買安全，起碼家裡牆壁不會一裂再裂，也算種安慰啦！

2 沒有一百分的建商，只有六十分的建商！

好多人來信、上網問我：「你的『黑心建商』寫得好，看了很有感覺，但是，可否介紹一下良心建商呢？」「我看了你的書，已經不敢買房子了。」

大家對於買房的焦慮，來自「擔心永遠買不到便宜的房子」，所以，大家戴著鋼盔向前衝，不顧一切的買房。這種衝動你有沒有很熟悉？沒錯，這好像談戀愛，當你看到一個美女或帥哥，想辦法追求，原本以爲可以共度一生，等到上了床、結了婚，才發現現實沒有想像中美好，原來這個人是個爛貨，原來頭髮是假的、奶是墊出來的，接著，哭著分手。

男女的交往，目的除了想一親芳澤（買房屋，其實也不外乎自住或賺錢），等到目的達成、摩鐵（Motel）也去了，沒良心的負心人就會覺得可以再找下一位，於是把這位曾經是此生的最愛給甩了，或腳踏兩條船利用其剩餘價值（房屋獲利達成，你可以賣屋賺一筆錢，或是把房子租出去賺點租金）；如果你覺得這個對象還不錯，也許一個衝動就結婚（買房子也是衝動簽約、花錢裝潢，然後搬家），這個衝動，也許是因爲你擔心對方奇貨可居，或許是怕下個會更差，再等下去老了沒人要，抓到籃子裡的才是能上桌的菜……。

買房子，講成談戀愛，我好像在胡扯。不是的，這是一樣邏輯的事情。請問，你覺得，有那種自始至終完全滿分、沒半點好挑剔的夢幻情人嗎？

請不要昧著良心說有，事實上，大概六十分以上就該滿意了，等到結婚或穩定交往後，再慢慢調教成你（妳）想要的樣子，多管齊下，經營也好、管教也罷，總之透過各種方法來讓婚姻生活美滿，這樣懂了沒？

買房子也是一樣，沒有一百分的房屋，沒有良心建商！建商蓋房屋，不就爲了賺大錢？如果不爲了獲利，那去開慈善機構就好，何必蓋房子給你嫌？什麼？你說那些上市櫃的知名大建商？他們更是以拿投資人的錢來滾錢當做職志，不賺你的錢，他們對不起股東啊！

所以，要買房子，只能找稍有良心，或是沒這麼黑心的，**越好的建商，越**

貴，沒辦法，這是個可悲的事實，良心建商，蓋房子優良品質、並且賣便宜價格——很遺憾，並不存在，請別再幻想了！

請務實一些、找尋六十分的建商即可，剩下的四十分，得靠自己嚴格的挑選，和住進去後參與管理、維護的方式來彌補，這樣才能創造現實人生中一百分的家。

對於愛買預售屋的讀者們，我的建議是，只要找到認眞的建商，加上認眞的消費者來監督施工過程，這樣的案子起碼就會有六十分；至於鍾情於新成屋者，我們來找會負責的，不用管他建材用的高不高檔，只要是會負責的建商，就有六十分。

但是，一棟房屋的完成，參與者眾、環節無比繁複，即使同一家建商的不同個案，亦是由不同團隊所參與建造，A案蓋得好，不代表B案也會蓋得優，所以，一個殘酷的事實：這年頭並沒有一家建商從頭到尾都是蓋好宅，**很多豪宅落成後也會漏水，有些國宅直到現在仍然屹立不搖**。

口碑是你參考的依據，但是要懂得取捨，不然口碑看得越多越不敢買，因爲每家建商都會有負面新聞，或多或少，你要懂得在負面新聞中找到他仍有良心的部分。例如說，過去某間建商的房子會漏水，沒關係，有沒有來好好維修？這很重要！有沒有跟管委會好好相處、順利點交公設，叫修就來修？有，這就算是有一點良心了。

很多朋友問我口碑問題，我都舉這個例子給他們聽：某間有金控又有人壽的×泰建設。嗯，聽起來好像不錯，很有口碑吧，可是，他們家曾經在木柵蓋過一棟「九二一黃標」的大樓耶！驚！在內壢也曾經蓋出一批一直漏水不停的透天厝耶！大驚！這麼有名的建商竟然也會出事？

可是，在你發出這些驚聲尖叫之後，×泰建設大方的出手買下木柵這棟黃標大樓，並且負責重建！也許你覺得買下舊住戶的價格仍比不上當初新大樓的賣價，不過，起碼做到負責善後了，**這是全台灣第一個因為地震震傷而買回的案例**，對比求助無門的「東星大樓」，可好上太多了。而內壢的透天厝，他們家也負責修到好爲止，雖然麻煩，但這種建商卻是負責任的，只怪他們家曾經用了一批不該用的工人跟監工，大品牌又丟不起這個臉，只好事隔多年還得來收尾。

所以你說這家×泰建設是良心還是黑心？在我眼中，他有超過六十分，他是良心建商，因爲比起更多黑心建商的房屋一定漏水，而且就算會來維修，治標不治本，修一百次還是漏，這是一種死豬不怕開水燙的黑心「老油條」心態，我們這種善良住戶拿他不會有皮條，以上該選哪家建商，你我心知肚明。

這樣你了解該如何找尋良心建商了嗎？網路上資訊很多，請在各大討論區以及「雅虎」、Google裡輸入關鍵字，比如建商名稱、建案名稱，有機構就輸入機構，有關係企業就輸入關係企業，這樣，你就可以發現很多建商的一部分「眞面目」。

要留意的是，建商的前期個案，**如果有發生與管委會點交不確實、不肯做好售後服務的，記得要剔掉**。比如有間專做「捷運共構宅」的，幾乎近四年來的案子都沒有好好點交，也因爲被投訴上過媒體，但是買他們家的房子都賺錢，這是因爲捷運共構宅有很多是小套房，**投資型屋主或是出租客根本不管點不點交，但如果你自住，就很麻煩**。所以，如果你買的是中古屋，又剛好打算自住，記得順口問管理員：「管委會跟建商完成點交了嗎？」

台語有句話說：「歹竹出好筍」，在建築業也可以適用。我看過一家網路上被罵臭頭的大型建商，他的某個案子，因爲工地主任認眞負責，蓋的房屋不漏水，雖然建材還是會偷，但「工」不偷，所以該建商十個案子有九個會漏水，就那一個案子還沒漏。

這種機率才十分之一的好宅怎麼挑？尤其新成屋都蓋好了，沒得監工啊？你看了《黑心建商的告白》沒？在這本書就教過囉，該檢查房屋的「素顏」角落，以及留意房屋的「邊邊角角」，工程品質的大概就能略知一二。記得，打該天花板維修孔，打開窗戶看磁磚邊緣，留意所有的山寨建材，若你老嫌麻煩、不甘願龜毛點從頭到尾檢查一次，就算上網問我一百遍：「S大，如何避免買到黑心宅？」也沒用囉，記住，買錯房子，就算不後悔一世人也會浪費半輩子！

3 再破解！「反反制」黑心建商話術

我在「臉書」上的「SWAY房市觀測站」，有不少網友都是房仲、代銷、建商這些業內人士，換句話說，他們都是「巷內人」，也因此在出書後，就有很多人在網路上提醒我說：你把這行的內幕寫得太白了，接下來建商和代銷一定會有推陳出新的黑心話術升級版。

果不其然，有些比較心虛的建商，一如「銷講」般的讓銷售人員統一做員工訓練：若是讀者照著書問問題，我們銷售方該怎麼回應？於是，本人只好持續的對建商「反反制」，針對這些升級的黑心話術，進行再破解，提醒你房市狡詐，一不小心就會變成待宰的阿呆。

＊建商第一招：「快速施工法已經發展那麼多年，科技早就進化，你知道有一種預鑄工法更快嗎？蓋得快不見得會漏水，像我們家的絕對不會，萬一漏水保證幫你補到好，Sway沒做過營造不懂啦！」

眞會說，連預鑄工法都能扯，好，要說大家來說，的確是有預鑄工法這玩意，而且建造的速度很快，但是這種工法很繁複，必須要像拼樂高積木一樣，先在營造廠把各種組件做出來，到施工現場用拼的，台灣能做預鑄工法的營造廠少到一隻手都數不完，而且通常還是應用在體育場或公共建築，你以爲滿坑滿谷的一般住宅建築，會用到這麼昂貴的施工法？

＊建商第二招：「快速施工法十幾年前就有了，加入快乾劑再提高混凝土磅數，既提高效率又可達到強度，蓋得快又不見得會漏水，那本書的作者根本就是見不得別人好，半瓶水也敢到處亂講。」

好，告訴你這題的「正解」，快速施工法的確可以達到強度，但難以避免你家的牆壁龜裂或漏水，此話怎講？想趕進度的黑心建商，那種一周蓋一層樓的，他們會利用三套模版，不拆模板就接著往上蓋，這些沒有經過養護、沒有確認是否完全乾燥的混凝土，就這麼一層一層疊上去，後果仍然是漏水連連，該裂的地方一定裂！**這問題不在於工法，而在於施工**，草率施工的個案必漏，尤其是迎風面、雨又多的北方及西方。不要不信邪，這類的案子還不少，例如本人友人的新成屋——有多新呢？入住時建商還有其他戶正在銷售中呢，結果一次傾盆大雨來的隔天，馬上就有大量的油漆工出動，全棟全面「補漆」上粉啦！

＊建商第三招：「我們用的建材不是他書裡寫的那些品牌，所以不是黑心建材。」

這句話很妙，是最常聽到的，尤其不少讀者開始懂得詳閱建材表，懂得去找「山寨牌」的網路使用心得，《黑心建商的告白》提到的山寨建材，隨便搜尋一下，眞有不少朋友受害。以我家社區爲例，有很多住戶就是因爲漂亮的衛浴讓他們心動，眞正使用後卻發現馬桶永遠沖不乾淨，後來管委會還針對住戶發問卷做調查，有高達八成的住戶反應如廁後一定得刷馬桶！中看不中用的下場就是腰痠背痛。

山寨的世界何其大，不用太相信建商的舌燦蓮花，當你看到有些品牌頗「啓人疑竇」、似乎「彷彿聽過卻又怪怪的」，請老老實實的記下來，回家上網查，孤狗大神會告訴你答案的。

＊建商第四招：「我們找的外觀建築師、結構顧問、公設設計師，真的都是豪宅等級，你看他們在市中心設計的房子，比我們貴一倍。所以不要嫌我們賣得比隔壁貴，這叫作附加價值。」

你以爲，房價被炒翻天的重劃區，建商等級差、營造廠等級爛、建材偷，光靠著名牌建築或設計師加持，就可以理直氣壯的比人家貴三成？這些大牌做過豪宅一點也不稀奇，但如果只是當「顧問」，這個建案就只有表面豪華，根本就是全棟皆「山寨」，用跟別人一樣的成本卻多賺你三成血汗錢。

當你聽完天花亂墜的「豪宅說辭」後，請趕快回到地段，你眞要住這裡？別忘了，當初你搭著「售屋接駁專車」來看屋時，這台車，可是只有銷售時段才有，等房子賣完了，車子的費用就要全體住戶來決定要不要繼續花大錢，如果你沒車，你慘了！

＊建商第五招：「我們風評不好？可以讓你賺錢比較重要吧，投資嘛，獲利最重要啊！」

這招最常被用在常上新聞、頻頻爆出購屋糾紛的小套房、捷運宅。網友和讀者們已經被教育到會上網查建商的風評，很多前往看屋的民眾就會根據這點來質疑，甚至用這點來砍價。

這年頭，購買預售屋已經成爲投資客的天下，而盲目的菜籃族投資客，買屋亦以投資爲目的，不論品牌，不管品質。但是，我仍然想苦口婆心的勸你：

重點一，過去兩年賺得到錢，不代表未來兩年一定也賺得到，沒人能給你保證這個獲利。

重點二，你不關心房屋品質，當你以後要賣屋的時候，買屋人也會嫌棄，這樣誰管你的獲利，還有，銷不銷得出去？

*建商第六招：「Sway連名字都不敢講，這些踢爆一定是亂寫！」

這句話也很多人說，甚至，某些名嘴私下都會講這類的話，有網友也覺得，「Sway」壓根是個爆料集團來著，到處蒐集網路發言湊一湊就到處亂講亂寫。

舉個例子，當《壹週刊》踢爆某名人和某人去賓館開房間，這些名人第一時間就會跳出來說：「八卦雜誌看圖說故事，我們只是去談事情、上廁所，而且《壹週刊》也一天到晚被告跟敗訴，你們要相信誰呢？」當我寫出各種黑心內幕，被寫的對象也一樣，當然一定先跳出來澄清以及再抹黑，實屬正常反應。看你要相信財大氣粗、用盡方法就是要賺走你好幾百萬元的人，還是一本書定價兩百五十元，而且所有文章都放在網路上流傳讓你看免錢的作者？

連你的問題，建商都不願意正面回覆，你覺得這間建商，品質佳誠信優？

*建商第七招：「你看過書？好吧，要買不買你自己決定。」

沒直接說的下一句，就是：「我們客戶很多，每個都賺大錢，你那麼精明就不用來挑剔我們。」這年頭，銷售人員懶得理愛嫌棄的買家，因爲太麻煩了，一個比一個會挑，跑單乾脆不要接，省得麻煩，萬一客人想買還會死命殺價，累死人，不如賣給啥都不懂的笨蛋，獎金又多，反正十個客人中，只要有一個上鉤就賺回來了。

有時候我自己去看房子，都拿不到書面資料，問不到價格，還頻頻被白眼，因爲，我在「了解」產品的初期，就會讓人覺得，這個人是奧客，問那麼多要幹嘛？但是，我還是希望你拚命問，就算拿著書問都好，如果這些問題，銷售人員都不願意回答你，這個房子，也別買了，因爲，買了一定有問題。不相信？等你買了、發生問題的時候，歡迎你上網來罵你的建商囉！

好點子 03

黑心投資客炒房告白

作者	Sway
責任編輯	韓嵩齡、莊樹穎
校對	韓嵩齡、莊樹穎、Sway
封面、內文設計	頂樓工作室

出版者	推守文化創意股份有限公司
發行人	周永欽
總經理	韓嵩齡
總編輯	周湘琦
印務發行統籌	梁芳春
行銷業務	梁芳春、衛則旭、汪婷婷
網址	www.pushinghanz.com
發行地址	106台北市大安區敦化南路一段245號9樓
電話	02-27752630
傳真	02-27511148
劃撥帳號	50043336　戶名：推守文化創意股份有限公司
讀者服務信箱	reader@php.emocm.com
總經銷	高寶書版集團
地址	114台北市內湖區洲子街88號3樓
電話	02-27992788
傳真	02-27990909

初版一刷	2011年 1 月 5 日
初版二刷	2011年 1 月 10 日
ISBN	978-986-6570-44-5

國家圖書館預行編目資料

黑心投資客炒房告白 /
Sway著.一初版一臺北市：推守文化創意,2011.01
面：公分——（好點子系列：3）

ISBN 9789-986-6570-44-5 (平裝)
1.不動產業　2.投資

554.89　　99025605